U0100569

大展好書　好書大展
品嘗好書　冠群可期

大展好書　好書大展
品嘗好書　冠群可期

吳式太極拳 5

傳統吳式太極拳入門訣要

附 DVD

■ 張全亮 著

大展出版社有限公司

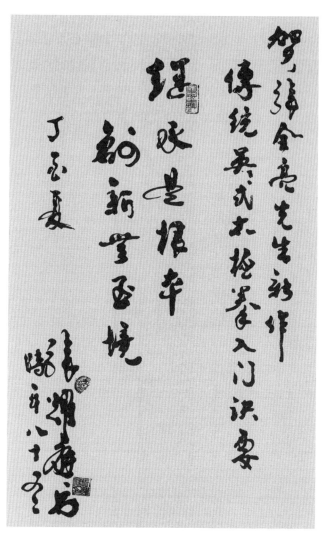

張耀庭，原中國武術協會主席，原中國武術院院長

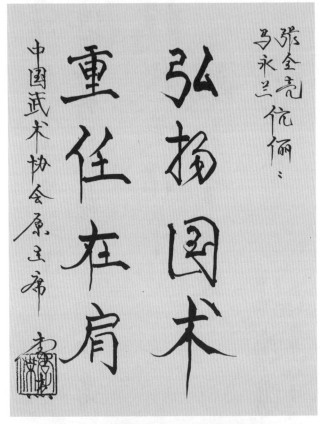

李杰，原中國武術協會主席，原國家體育總局
武術運動管理中心主任

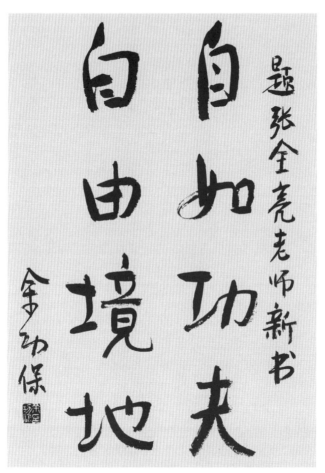

題張全亮老师新书

自如功夫

白由境地

金功保

余功保，著名太極文化學者，世界太極拳網總編

序

　　因與張全亮先生多年朋友的關係，在他的這本《傳統吳式太極拳入門訣要》付梓之前，我便見到了這本書的原稿。張先生的意思，無非是想讓我看完之後提些意見以便修改；而就我而言，則是沾了近水樓台的光，得以先睹為快。

　　看完之後，我覺得應該寫點什麼，把我對張全亮先生的一些了解和我看完這部書稿後的一些感受告訴讀者，以期為朋友們閱讀本書和學習吳式太極拳提供一些幫助。

　　對於張全亮先生，即便沒有讀過他的書，只要您是武術、特別是太極拳愛好者，恐怕多少都會對他有些了解。在眾多的報紙雜誌和電視節目中，我們常常可以看到他寫的文章或關於他的節目。而他所傳承的吳式太極拳，2009年和2014年先後被評定為北京市和國家級非物質文化遺產代表性項目。這一切充分說明，張全亮先生的確是當代中國武林一個有很大影響力的重量級人物。

　　張全亮先生的成就，我以為主要表現在兩個方面：一個是他本人功夫上的造詣，一個是他在傳承和發展中華武術方面的突出貢獻。關於這兩方面的內容，我不想多說，因為各位所了解的，也許一點兒都不比我少。這裏，我只想和朋友們討論一個問題，就是張全亮先生為什麼能夠取得這樣的成就？

說到張全亮先生成功的原因，我突然想到了張先生早年的一件事。那時，他還是個青年，在他的家鄉北京大興農村當黨支部書記。那裏的土地，是數十年來永定河決口的泥沙淤積而成的，下面如同篩子眼兒一般，無論給莊稼澆多少水、施多少肥，很快就會滲漏無遺。這對莊稼的生長十分不利，所以長久以來，全村人都靠吃國家供給的統銷糧過日子。為了解決這個漏水漏肥的問題，張全亮費盡了心思，最後想出了壓住「草雞毛」（透過植樹造林、打井灌溉把見風就起的流沙穩住）、削平「駱駝背」（把高低不平的沙丘推平）、堵上「篩子底」（改良土壤解決沙地漏水漏肥的問題）等辦法，帶領鄉親們解決了這個近20年都解決不了的難題。這在當時簡直就是個神話，為此，張全亮先生還受到了毛主席的親切接見。

　　執著、勤奮、刻苦、善於思考和總結，這是張全亮先生能夠獲得成功的重要原因。但，我認為，這還不是最根本的。最根本的是什麼？就吳式太極拳而言，開始時是出於對武術的癡迷、酷愛，而後來，則是出於對傳承和弘揚中華武術、中華傳統文化的強烈責任心！因為如果沒有了這些，便沒有了動力；而沒有了動力，執著、勤奮、善於思考、善於總結等等，一切一切都將無從談起。懂得了這個道理，我們才會知道，我們要具有怎樣的精神、怎樣的態度、怎樣的方法才能真正地把太極拳學好、練好。

　　這一點，是我首先要告訴各位朋友的，希望能夠引起大家的重視。

　　現在，我再來說說張全亮先生在本書中所介紹的三個套

路。

　　這三個套路，有的是在傳統套路的基礎上去掉了一些式子，然後再按照原來的先後順序重新組合到了一起，每個式子的動作都原封未動；有的則是抽取現成的式子組合而成的全新的套路。所以，這些簡化後的套路，仍然是傳統套路，我們仍將其稱為傳統太極拳。

　　張全亮這樣編，完全是為學拳者考慮。首先，它好學，幾天就能學會。這就可以讓學拳者能夠很快地入門，並對學練太極拳產生興趣，避免以往學了幾年還不知太極為何物的情況。拳諺有「十年太極不出門」之說，大概說的就是這種情況。

　　另外，這幾趟拳，每趟認認真真練下來都不過幾分鐘的時間。所以，有時間就多打兩趟，沒時間就少打兩趟，還可以利用零散時間抓空來練。這就為那些實在難以抽出大塊兒時間練拳的人解決了難題。所以，我們實在應該為這樣的創編叫好。

　　這三套拳，一套比一套難度大。一套一套學下來，我們便會一步步入門，而後一步步登堂、一步步入室。這實在是一個非常好的設計。如果不是有幾十年學拳、練拳、教拳的經驗，是不可能創編出來的。這三套拳既然存在著這樣的關係，所以，朋友們一定要一套一套挨著練，不能「跳級」，一定要打好基礎再說。

　　張全亮先生是個責任心極強的人，本書的編寫過程，再一次說明了這一點。比如說，某個拳式，開始時是用六段話、六張圖片來說明，反覆推敲之後，如果覺得讀者可能還

會有不清楚的地方，他就會再增加上兩段話、兩張圖，直到認為讀者不再有閱讀的困難時為止。要知道，這樣的地方，可不只一處啊！對於一個70多歲的老人來說，這實在是難能可貴。看張先生的稿子，我時不時會因他的這種認真而感動。他的這種認真，增加了我對他所講道理的信任和所傳授功夫的喜愛。

上面的這些，算是我的讀後感吧。希望它能對朋友們閱讀本書和學習吳式太極拳有些實際的幫助。

人民體育出版社資深編輯　李建章

自　序

　　我很早就想寫一點關於吳式太極拳的書。作為吳式太極拳（北派）的第四代傳人，一個習練了吳式太極拳幾十年、有著眾多門生弟子且年近80歲的人，我覺得自己有不可推卸的責任，同時也有一種緊迫感。這當然不僅僅是為了我的弟子們，而更是為了我終生所喜愛的吳式太極拳——作為我國優秀傳統文化的一個代表性項目，我一定要把它毫無保留地傳承下去！

　　吳式太極拳起源於北京大興。按理，北京大興習練吳式太極拳的人應該不少。但在40年前，北京大興在我整個青少年時期，從未見過，也從未聽說過哪裏有練吳式太極拳的人。

　　我自幼酷愛武術，簡直到了癡迷的程度。幸運的是，1985年，我遇到了著名的武術大家——精通太極、八卦等多門武術的一代宗師王培生先生，並正式拜他為師學習吳式太極拳。多年來，經恩師的悉心傳授和耐心指點，同時隨著自己功夫的日益精進，我對吳式太極拳也越來越癡迷，並從那時起立下了要把吳式太極拳傳揚下去的宏願。

　　40多年來，我一方面自己刻苦練功，一方面在大興地區大力推廣吳式太極拳。現在，吳式太極拳在大興已經得到了極大的普及，其習練者已近萬人，從而使吳式太極拳成了

北京大興區的一張獨特的文化名片。

為了更好地弘揚和傳承吳式太極拳和梁式八卦掌，我於2005年創辦了北京大興鳴生亮武學研究會，現在全國已發展到8個分會、48個輔導站。目前，據不完全統計，國內外學練吳式太極拳的人群已近10萬之多。

2009年、2014年，鳴生亮武學研究會傳承申報的吳式太極拳（北派），先後被批准為市級和國家級非物質文化遺產代表性項目。此後，我一直在想，為了把吳式太極拳的傳承、推廣再向前推進一步，使吳式太極拳的傳承更系統、更規範，我必須抓緊編寫和出版早就在醞釀之中的這一系列關於吳式太極拳的書，我要把我所掌握的吳式太極拳（北派）全部內容都整理出來，奉獻給全社會。

吳式太極拳系列圖書的主要內容如下：

一、拳術套路（包括入門套路、基礎套路、競賽套路、經典套路、原始套路和實用套路共六套）

（一）入門套路（傳統吳式簡化太極拳10式）

此套路主要是為既沒有足夠空閑時間又沒有學練過任何一種太極拳的人準備的。此套路易學、易練，可使習練者快速入門，並對吳式太極拳產生興趣。

（二）基礎套路（傳統吳式簡化太極拳18式）

此套路是為有一定太極拳基礎，但沒有練過吳式太極拳的人準備的。吳式太極拳有其獨特的運動特點，無論何人，開始習練時都會有一定的難度。習練者要想達到盡快掌握吳式太極拳運動規律，避免或少走彎路的目的，此套路不可不練。

吳式太極拳國家級非物質文化遺產牌證

吳式太極拳市級非物質文化遺產牌證

此套路是從王培生先生傳授的傳統吳式太極拳37式套路中抽取18個式子，並按照其原來的先後順序重新組合而成。即從起式依次練到第7式（肘底看捶），共7個式子；然後再與第28式雲手的最後一個動作「左掌平按」（單鞭）相接，依次到收式，共11個動作，前後加起來共18式。這樣做的目的是為了便於吳式太極拳37式這一經典套路的學習和推廣普及。

根據我多年教拳的經驗，初學者要一下子把王培生先生的37式學完，是有很大難度的。而這18個式子，都是37式中難度較小的式子，便於初學者先易後難地學習掌握，從而

為系統學練吳式太極拳37式打下基礎。這18個式子練會了，習練者就基本掌握了吳式太極拳37式的運動規律，再接著學習中間的19個難度較大的式子，也就比較容易了。

（三）競賽套路（傳統吳式簡化太極拳28式）

此套路是根據當今流行的太極拳比賽或表演的時間要求，在傳統吳式太極拳套路中精選具有代表性的經典動作進行組合而成，是傳統吳式太極拳的競賽套路。

其特點有四：

第一，能體現出傳統吳式太極拳的特點，且盡為其精華所在。

第二，能體現出傳統吳式太極拳的難度和趣味性。

第三，演練時間符合現在比賽規則的要求。

第四，套路中的部分式子都是雙側練習，如「摟膝拗步」「手揮琵琶」「野馬分鬃」「玉女穿梭」「金雞獨立」「斜飛勢」「左右分腳」「裏外雲手」等。

這樣編排，不僅對提高自身的協調性和左右平衡能力有很好的作用，還可以適應某些交流、演示場合的要求，在演練時臨時減少一個或一些式子的一側動作進行單側演練，使時間能控制在要求的時間之內。

（四）經典套路（傳統吳式簡化太極拳37式）

此套路為先師王培生創編。1953年，王培生先生於北京工業學院教授吳式太極拳時，為了使學員能在短時間內學會、打完一套完整的吳式太極拳並能掌握其精髓，同時，應大多數學員的要求，去掉了83式中的重複動作，將原來老83式（326動）刪定為37式（178動）。招式的順序也按運

動量的大小做了適當安排。

1953年至今半個世紀的實踐證明，這樣編排後教與學的效果都非常好。37式太極拳已成為吳式太極拳（北派）傳人的必修課，特別是王培生先生門下多以此37式為主要學習和傳承內容。實踐證明堅持下工夫學練、研究王培生先生創編的吳式太極拳37式，是全面掌握吳式太極拳精髓奧妙的捷徑，是提高身體素質、提高推手和技擊抗暴水準、開智開悟的快速有效之方法。

我經過40多年的苦練精研和30多年的教學實踐，深深感到這套拳絕對是太極拳的精品，內涵博大精深，外延無限廣闊，只要按規範要求認真研練，深刻體悟，不但會使你身強體壯，技藝精進，而且會使你開智開悟，使你為人處世的能力都會有很大的提高。

（五）原始套路（楊禹廷吳式太極拳83式、王茂齋吳式太極拳83式）

楊禹廷吳式太極拳83式是楊禹廷先生傳授的傳統吳式太極拳老架，王茂齋吳式太極拳83式是王茂齋先生傳授的傳統吳式太極拳老架。兩個套路雖各有不同的特點，但都展示了吳式太極拳的原始風貌。

（六）實用套路（吳式太極拳八法）

此套路是我在王培生先生傳授的八法的練用方法、理論、歌訣的基礎上，根據自己多年的體用感悟，進行充實、完善、細化而成的。我們可將其視為吳式太極拳的實用套路。

二、器械套路（包括吳式太極刀、吳式太極劍、吳式太

極槍、吳式太極粘桿等）

三、拳術理論

這一部分擬將2007年1月海關出版社出版的《行八卦運太極解玄機·張全亮內家拳新解》一書中關於太極拳方面的歌訣、精論釋義進行重新整理、補充、釋義；另外，還擬將多年來自己在研究拳理拳法的過程中產生並記錄下來的一些歌訣、語錄整理注釋出版，獻給廣大太極拳愛好者。

四、祛病強身小功法

本人在多年追隨王培生先生學藝過程中，對他傳授的祛病強身小功法就非常感興趣；以後，在長期的實踐中，更深深感到王培生先生的「祛病強身小功法」是他無私奉獻給社會的，武醫結合、簡單易行、健身防身效果絕佳的寶貴財富，是中華民族的文化遺產。

吳式太極拳博大精深，準備寫出的這些，不過是其九牛一毛而已。本人水準有限且年事已高，一些事，只能留給後來人去做了。至於書中的謬誤與不足之處，還望方家與廣大讀者不吝指教。

在本書的編寫過程中，除了夫人馬永蘭及子女外，我還先後得到中國日報社張永忠師弟，鳴生亮武學研究會廣東分會會長、我的弟子劉泉，副會長劉功烈、衛華、何承俊及弟子殷佳瑞、再傳弟子李永峰等的熱情幫助，在此一併向他們表示感謝！

張全亮

吳式太極拳(北派)
鳴生亮門門規師訓

此乃我入門弟子張全亮君，於1997年9月為其入門弟子寫的門規師訓，余聞後甚喜甚慰，正合我教誨之意，故囑刊於《同門錄》之中，納為我吳式太極拳新時期之門規師訓，曉與門人，廣傳謹守。

願我吳式太極拳之門人後代，德藝雙馨，德才兼備，藝業同輝，光大門戶，壯大國威。

王培生
1999年2月於京師

一、忠於祖國，熱愛人民

「國家興亡，匹夫有責」乃中華兒女、炎黃子孫做人的根本。

凡我門人後學均應以古今忠良為楷模，忠於祖國，熱愛人民，視祖國為自家，視人民為父母，任何時候都不能置祖國安危、人民痛苦於不顧，否則，乃不忠之人也。

二、孝敬父母，尊敬師長

生我者父母，教我者老師。無父母難生於世，無師教難以成人。父母之養育、師尊之教誨，恩重於山，終生難報。

凡我之門人後學均應以古今賢孝為榜樣，孝敬父母，尊敬老師，否則，乃不孝之人也。

三、勤學苦練，不圖虛名

「入門引路需口授，功夫無息法自修」「久練自化，熟極自神」「師父領進門，修行在個人」，這些至理名言應為我門人後學之座右銘。

為練好武藝，應勤奮學習，刻苦修煉，寒暑不停，風雨不輟。不能淺嘗輒止，一曝十寒。應堅韌不拔，努力攀登武學高峰。不能徒有虛名、無所作為。

四、博採眾長，融會貫通

中華武術博大精深，各門各派均有所長。欲求精進，必須在精研、深悟本門技藝的基礎上，博採眾長，將兄弟門派拳理拳法之精華與本門拳藝融會貫通。

同時，還要努力學習其他自然科學知識，觸類旁通。努力在繼承的基礎上有所發現、有所創造、有所前進。只有這樣，才能真正光大門戶。

五、文明禮貌，誠以待人

文明、坦誠乃古之所倡，今之所求，是社會發展之標志。凡我門人後學必須文明禮貌，誠以待人，做到說文明話，辦文明事，做文明人。不損人利己，不狡猾奸詐，不傷風敗俗，不逞強好勝。要坦誠和善，謙恭禮讓，善納忠言，遵守社會公德，團結友愛，助人為樂。

六、遵紀守法，見義勇為

習武宗旨乃為健身抗暴、維護正義。凡我門人後學都要自覺遵紀守法，以自己良好的武德和技藝，做安定團結的楷模，同時還應弘揚正氣，見義勇為，積極維護國家和人民的利益，勇於同壞人壞事做鬥爭。

張全亮

2016年10月修訂

目　錄

吳式太極拳的源流與發展

　　太極拳作為深受廣大人民群眾喜愛的運動形式，其形成與發展，有悠久的歷史。

　　太極拳在其長期的發展過程中，逐漸形成了各種不同的流派。這些不同流派的太極拳，從形式到內容，從拳法到理論，同中有異，異中有同，共同豐富和發展了太極拳的理論與方法。今天，研究太極拳各個流派發展變化的成因及其代表人物，對於我們學習太極拳，繼承和弘揚太極拳文化，有著極其重要的意義。

太極拳的起源

　　關於太極拳的起源，真可謂眾說紛紜，莫衷一是。簡單說來，大致有唐朝許宣平說、明朝張三豐說、清朝陳王廷和王宗岳說等幾種不同的說法。

　　目前可以明確的是，傳世的太極拳是由河南溫縣陳家溝陳氏第十四世陳長興傳給河北永年人楊露禪的，這之後社會上才出現了楊式、吳式、武式、孫式等太極拳流派。

　　現在社會上流傳的各式太極拳，除陳式太極拳之外，都是從楊露禪所傳的拳術套路演化而來。吳式太極拳也是如此。

　　據史料記載，楊露禪曾三至陳家溝師從陳長興苦習太極拳十餘年，盡得其秘術。楊學成後回鄉，無人匹敵。後楊又把太極拳在家鄉傳授。當時人們稱楊拳為「化拳」，亦稱「綿拳」（取其動作綿軟而又能化解對方來力之意）。

大約在1840年後，楊露禪被同鄉武氏推薦到北京王府教拳。當時京城武術名家薈萃，但無論哪路豪傑，凡與楊交手者，無人能勝。於是，楊露禪「神拳楊無敵」之稱號，轟動京城。

當時，楊露禪除教王公貴族外，還在禁衛軍的神機（火器）營執教。神機營中追隨楊習拳者甚多，而以萬春、凌山、全佑為最佳。三人經數年勤學苦練，各得一體：萬春得剛勁，凌山善發人，全佑則長於柔化。三人中萬春、凌山無傳人，只有全佑將所學技藝傳播於世。

吳式太極拳的奠基與定型

太極拳有陳式、楊式、吳式、武式、孫式等多種流派。其中，吳式太極拳的奠基人為全佑。

全佑（1834—1902年），滿族正白旗人，生於當時的北京大興。本姓吳福氏，後隨漢姓改為「吳」。全佑字保亭，人稱全三爺。他學拳認真刻苦，對老師最孝。露禪感其誠，遂傾囊相授，故全佑得藝最佳。全佑雖與王公、貝勒同學，但因封建等級制度之影響，後奉露禪公之命與萬春、凌山一起轉拜其次子楊班侯為師學習楊式小架。故全佑所學，兼得楊氏父子二人之長。

全佑經多年精心演練，吸收大、小架之精華，逐步形成了自己的風格。人稱他的拳為中架式太極拳。這可以說是吳式太極拳的雛形，為吳式太極拳流派的最後形成，奠

定了基礎。但當時全佑所傳之太極拳基本為楊式祖架，還沒有形成後來吳式太極拳的特點。

根據《太極功同門錄》所記，全佑傳人有王有林（茂齋）、愛珅（全佑子吳鑑泉）、郭芬（松亭）、常安（遠亭）、齊治平（閣臣）和英傑等。

吳式太極拳的定型是在1902年全佑祖師逝世之後。為光大師門，全佑長徒王茂齋和師弟吳鑑泉、郭松亭等一起，在他的「同盛福」建材庫房，同心合力，苦練精研拳理拳法，並肩奮鬥十餘年，在全佑所傳拳架的基礎上，逐步加以提煉、充實，去掉了原拳式中的大開大合、低襠下勢、發聲發力、纏繞縱跳等動作，並博採眾長，有機地吸收了其他優秀的太極拳技法，逐步形成了一種具有新鮮特點的太極拳。

這種太極拳，強調中正安舒，純以意行，緊湊舒伸，輕柔緩慢，鬆靜自然，圓活靈巧，繾綣多姿，不縱不跳，內外兼修，體用兼備，融點（穴）、打（擊）、拿（反關節）、發（擲）、摔（跌）、卸（骨）於一體，含而不露。經過他們的廣泛傳播，這種太極拳名聲越來越大，練拳者的隊伍也不斷擴大。這種太極拳，那時候還不叫吳式太極拳，據1929年王茂齋編輯出版的《太極功同門錄》記載，叫「太極功」。

吳式太極拳得名於1959年徐致一出版的一本書，名字叫《太極拳（吳鑑泉式）》。1989年6月，中國武術研究院審定的《四式太極拳競賽套路》（分楊、陳、吳、孫）出版後，才有了由國家行政主管部門確定的各式太極拳的

名稱。

吳式太極拳創始人滿族人全佑是晚清時期的大興人。

大興區位於北京市南郊，歷史悠久，自先秦建縣以來約有2400餘年歷史。明清兩代，大興為依郭京縣，與宛平分治北京城東西界達700年之久，因此被稱為「天下首邑」。吳式太極拳的奠基、定型、發展都是在北京大興完成，北京大興是吳式太極拳的發源地。

南吳北王

在吳式太極拳發展史上有南吳、北王之說。

南吳、北王是指南方（派）吳式太極拳的代表人物吳鑒泉和北方（派）吳式太極拳的代表人物王茂齋。

吳鑒泉（1870—1942年），全佑之子，名愛珅。1928年，鑒泉先生應邀遷居上海傳拳，第一個把吳式太極拳傳播到長江以南。吳鑒泉門徒眾多，為南派吳式太極拳之掌門人。1942年，鑒泉先生逝世以後，女兒吳英華、女婿馬岳梁掌門繼續在南方發展。

王茂齋（1862—1940年），名有林，山東掖縣（今萊州市）人。王少時在北京學徒，忠誠好義，練功刻苦，勤思善悟，被全佑收為弟子，得全佑之真傳，為全佑之大弟子。1928年，吳鑒泉南下以後，他留在北平一邊經商一邊教拳，受業者眾多，成為北方吳式太極拳之掌門人。1940年，王茂齋先生逝世以後，由其得意弟子楊禹廷先生掌

門，繼續在北方發展。

1928年，吳鑒泉、王茂齋分開以後，雙方在長期的教拳實踐中，透過不斷對拳理拳法的研究、體悟，同時受地域文化的影響，所練之拳便有了不同的風格和特點，於是便形成了吳式太極拳史上的「南吳、北王」兩大派系。

南吳、北王兩大派系的區別不完全是動作上的差別，在內意、氣勢、理念等方面因地域文化的影響也有所不同。北派受皇家文化的影響，端莊、厚重、氣派、大方；南派則受江浙文化的影響，清秀、優美、靈活、巧妙。當然這也與練拳者自身的文化修養、性格特點、遺傳基因等方面的因素有關。簡言之，南北兩派受內外因素的影響，雖然師出同門，但卻各有千秋。

吳式太極拳（北派）的四個里程碑

王茂齋與「北平太廟太極拳研究會」

1928年，吳鑒泉先生南下以後，王茂齋先生就擔起了吳式太極拳在北方發展的重任。他曾先後於中法大學、民眾教育館、智化寺等處教拳。

20世紀30年代初，為了加快吳式太極拳的發展，北京太極拳界有影響的人物出面，向當時南京中央國術館提出申請並獲批准，在故宮博物院分館（今勞動人民文化宮）成立了「北平太廟太極拳研究會」。研究會聘請王茂齋先

生任主教，其得意弟子楊禹廷任助教。

「北平太廟太極拳研究會」是當時太極拳愛好者集中學習、活動的群眾組織，而太廟則是他們教拳練拳的主要場所，亦是太極拳高手雲集，各界名宿、商賈及各行各業職員百姓太極拳愛好者交流、習練、交際、消遣之處。

王茂齋在此培育了眾多的武林高手，如弟子彭仁軒、趙鐵庵、楊禹廷、修丕勳、曹幼甫、李子固、王子英（子）、劉光斗、王歷生等數十人。20世紀30年代後期到40年代中期是活動的高潮時期。據說會員有300餘人，每天從早晨至中午到這裏學練吳式太極拳和太極推手的人絡繹不絕。後他又將其拳術推廣到山東、黑龍江等地，極大地推動了吳式太極拳在北方的發展。

吳式太極拳定型後在北方的鞏固發展，當屬王茂齋先生最為勞苦功高。他以「北平太廟太極拳研究會」為基地，以極大的魄力，傾心而卓有成效地傳播吳式太

王茂齋

極拳，是推動吳式太極拳在北方鞏固發展的第一個里程碑式的代表人物。

楊禹廷與《太極拳講義》

1940年，王茂齋先生去世以後，傳播、弘揚吳式太極拳的重任，落到了楊禹廷先生的肩上。

楊禹廷名瑞霖，1887年生，祖籍北京。楊自幼習武，先後師從多位武術名家，學練過彈腿、八卦掌、長拳、黑虎拳、形意拳等。青年時即享譽京城，民國前後帶藝投拜在王茂齋門下，專攻吳式太極拳，並一生以研究傳播吳式太極拳為業。

楊禹廷拳照

1940年王茂齋逝世後，楊接掌「北平太廟太極拳研究會」。中華人民共和國成立後，太廟改為「勞動人民文化宮」。1951年，研究會由太廟搬出。此後，他又將拳場設立在中山公園「來今雨軒」後面的投壺亭(俗稱十字亭)。那時，這裏每天上午前來練拳的各界人士仍有一二百人，風雨無阻，是當時北京最大、人數

最多的拳場。1966年停辦，1968年又經眾多學員請求，在天安門內的「闕東門」北側皇城拐角處恢復，每天有四五十人來學拳。這個拳場堅持到1976年7月唐山地震。此後，90多歲的楊禹廷先生雖然不出來教拳，但仍經常在家中給學生說推手、講拳理，直到逝世的前一天。

楊禹廷先生雖然武藝超群，理論精深，但卻謙虛禮讓，在武術界威望極高，口碑極好。他享年96歲，武壇耕耘70餘年，創造了太極拳師教齡最長的紀錄。新中國成立後，他倡議成立了北京市武術界聯誼會。生前，他曾任中國武術協會委員、北京市武協副主席、北京市東城區政協委員。

楊禹廷先生一生貧窮而志不移，勤勉好學，苦練精研，奮力攀登。他善於悉心體悟、洞悉精髓，積數十年之經驗，盡畢生之心血，為弘揚太極拳文化，歷盡了千辛萬苦，融會貫通，闡明至理，在前輩的基礎上陟聖造巔，終於形成了風格獨特、理明技彰，具有楊禹廷特點的吳式太極拳。

為改變過去多靠口傳心授，學生依樣模仿的教拳方法，解決「拳式技法、鍛鍊要領，均無文字記載，不僅學生深感不便，甚至套路失傳、經驗中斷」的問題，他於20世紀20年代初編寫了《太極拳講義》。這套講義，提出了練拳的步驟和便於初學者學習的奇偶分動教學法。

初稿得到了王茂齋先生的肯定和學生的歡迎。其後，為了使學生較準確地掌握動作要領，並能做到既會其方法，又能懂其原理，曾數次修改和充實初稿，增加了以圓

周角度劃分的八方線，明確了方位、步法和身法，在動作解說中加強了眼神和意念的活動。

楊禹廷首次把數學概念融入太極拳的教學中，把太極拳推向了更加科學、合理、規範的軌道。1961年，《太極拳講義》定稿後更名為《太極拳動作解說》，在國內外廣為流傳。《太極拳動作解說》對吳式太極拳運動的發展影響至深，推動巨大。楊禹廷先生是北方（派）吳式太極拳的定型者、開拓者，是北方（派）吳式太極拳發展史上第二個里程碑式的代表人物。

王培生與吳式簡化太極拳

王培生，原名力泉，號印誠，1919年生，河北武清人。9歲開始習武，先後師從武壇多位名師學練過翻騰術、八卦掌、彈腿、查拳、形意拳、八極拳、通臂拳等。13歲拜楊禹廷先生為師學練吳式太極拳，並得到師爺王茂齋的親傳密授。在兩代大師的指導下，苦練8年藝業大成，尤其在太極拳推手和技擊實戰方面造詣頗深。

王培生先生常年在北平太廟太極拳研究會協助楊禹廷先生教授太極拳和太極推手，1937年，獨立接任楊禹廷先生轉交的北平第三民眾教育館武術教學工作，1947年，任匯通武術社副社長。1953年，在全國首屆「民族形式體育運動會」上任裁判長。1954年，任群眾武術社社長，後任北京市吳式太極拳研究會副會長、會長。1957年，在第一屆全運會上擔任武術比賽仲裁委員，並參加了國家太極拳推手及武術散手比賽規則的編寫。

　　1982年，被選為全國武術工作代表，參加了第一次全國武術工作會議，並長期在北京工業學院、北京師範大學等十餘所大專院校及中國科學院、人民日報社、國家教委等機關任太極拳教師。入門弟子有一百多人，且名人輩出，學生不計其數。

　　王培生先生對武術事業的貢獻是傑出的。1953年，他在北京工業學院教授吳式太極拳時，為了易於普及，使廣大愛好者能在短時間內學會吳式太極拳的套路，他在原來老83式的基礎上，去掉重複動作，並根據人體運動規律，將運動量按小、大、小的順序重新編排，精簡創編為37式「吳式簡化太極拳」，並先後在北京和丹東地區推廣普及，深受廣大群眾歡迎。

　　1981年，《吳式簡化太極拳》正式出版後很快在全國各地廣為傳播，並先後印刷多次，每次都被搶購一空。後來，該書還被以多種外國文字翻譯並遠播國外，影響甚大。他和曾維祺合作出版的英文版《吳式太極拳》一書，曾被美國宇航局列為宇航員的訓練教

王培生（左）推手照

材之一。據2001年3月28日《中國體育報》報導，在美國休斯敦宇航中心，在飛船發射前，宇航員要先練一套吳式簡化太極拳37式，然後才進入駕駛艙。美國科學家認為，太極拳是疏解宇航員起飛前心裏緊張的最好方法。

王培生先生創太極拳簡化之先河，對吳式太極拳的發展提高起到了巨大的推動作用。此外，他還把自己數十年積累、體悟出來的武術、氣功健身治病的方法，總結提煉創編了《乾坤戊己功》和百餘種祛病健身小功法。他提出太極拳是「實用意念拳」的定義，創造性地提出了練太極拳要「以心行意，按竅（穴位）運身」，要「神意不同處」，要注重運用「身外之六球」等重要理論，為太極拳的普及和提高做出了重大貢獻。

他的拳術風格自成一體，他的推手技藝體現出五大特點：一是招法神妙莫測，二是意念隱而不露，三是速度觸之如電，四是感覺險象環生，五是拳理博大精深。

王培生老師在太極推手和技擊方面業績顯著，他多次揚太極拳之威，為太極拳正名，長中華民族的志氣。20世紀30年代末，他曾以太極拳的純功絕技，在大街上擊敗了四名荷槍實彈的日本兵，長了中國人的志氣。

在數十年的武術生涯中，他不畏強手，敢於和國內外各門派武林朋友切磋技藝，從不推托，不搪塞，不保虛名，也從未輸過手，為國內外武林同道所公認和讚賞。特別是1981年5月，在瀋陽的一次中日武術交流會上，王培生先生挺身而出，迎接日本武術代表團的挑戰，他以太極拳的奇招妙法，使日本少林拳法聯盟訪華代表團教務長、

日本一流武術家山琦博通連跌數跤。

　　他用自己的戰績，充分說明太極拳的真髓在中國，粉碎了日本某些武術家「太極拳只能健身，沒有技擊作用」「少林寺在中國，少林拳在日本」「十年之後讓中國人向日本人習太極拳」的無知與狂妄，為太極拳的技擊作用正了名。《人民日報》為此發表了《太極神功技壓東瀛》的文章，《武林》雜誌等多家報刊也先後進行了報導。日本《阿羅漢》雜誌也為此做了專題報導，刊登了王培生老師的精彩照片，尊他為「東方武林奇人」「中國十大武術家之一」。日本少林拳法聯盟訪華代表團團長竹森好美當時激動地說：「我們這次訪華收穫最大，透過王先生現身說法真正認識到了太極拳技擊的功夫，希望王先生能到日本講學。」

　　喜訊傳出，聽者無不歡欣鼓舞，全國很多地方爭相邀請王培生老師去講學傳拳，南到廣西的南寧，北到黑龍江的大慶，一時掀起了學習王培生吳式太極拳37式的熱潮。過去很多地方沒有見過吳式太極拳，經過王培生老師和弟子們的傳播，都紛紛建立了吳式太極拳輔導站，如廣西南寧，湖北青州，河南焦作，河北保定、承德、唐山，山東萊州，山西陽泉，甘肅甘南，陝西西安，江蘇南京，廣東深圳，遼寧鞍山、公主嶺、丹東、本溪、朝陽，黑龍江大慶等，當地很多人都成了王培生老師的入室弟子。

　　在北京，王培生先生積極傳授吳式太極拳，廣收弟子，先後在人民日報社、中國日報社、國家教委、北京圖書館、北京師範大學、北京舞蹈學院、首都師範大學、北

京地質學院等辦班教學，使吳式太極拳得到了廣泛傳播。

王培生先生一生坎坷，但一身正氣，剛直不阿。他愛國愛民，一生忠於武術事業。他數十年如一日，執著地研究中國武術的精髓，全面繼承，勇於實踐，敢於創新，善於總結，碩果累累，但卻淡泊名利。

我們說他是北派吳式太極拳發展史上第三個里程碑的代表人物，不僅是因為他在武術界地位顯著、著述豐富，更主要的則是因為以下的兩個方面的原因：一是他敢於大膽創新，為吳式太極拳的發展做出了突出貢獻；二是因為他以自己的實戰業績為太極拳正了名，證明太極拳不是摸魚睡覺的拳術，不是只能健身不能技擊的拳術，而是一種用意不用力，既能袪病強身、開智開悟又能防身抗暴的神妙、科學的拳術。他用自己的高深技藝，體現了太極拳的精髓，展現了太極拳的真面目。

李秉慈與吳式太極拳國家競賽套路

1988年，國家為了進一步推動太極拳運動，組織專家編寫推廣各式太極拳競賽套路。楊禹廷先生的入室弟子、吳式太極拳名家李秉慈先生參加了吳式太極拳競賽套路的編寫並負責動作的整體規範與演練。

為了盡量體現傳統吳式太極拳真實面目，他參考了10餘種吳式太極拳前輩的著作，以北派吳式太極拳的規範、特點為主，吸收了南派吳式太極拳的一些典型動作練法，在傳統83式老架的基礎上精簡創編，形成了45式吳式太極拳國家競賽套路。45式競賽套路的問世，把吳式太極拳

李秉慈

推向了國家正式武術比賽的平台，使吳式太極拳的發展與時俱進，出現了前所未有的新局面。

我與吳式太極拳

我從小酷愛武術，從 1953 年開始先後練過摔跤、彈腿、查滑拳、少林氣功、形意拳、楊式太極拳、太極五形錘、八極拳、劈掛掌、通背拳、道家養生氣功等。20 世紀 70 年代初，先後師從八卦掌名家李子鳴先生學練梁式八卦掌、太極拳名家王培生先生學練吳式太極拳。

1985 年正式入門，成為王培生先生的入室弟子後，每週兩個晚上騎自行車到 30 公里外的北京市西城區少年宮聽老師講課。那時我在北京大興建築工程總公司任黨委書記，每次去上課都是下班後到食堂買兩個饅頭一塊鹹菜放到辦公室裏，下課回來再吃。老師每次講課多是晚八點到

十點，老師走後師兄弟們還要在一起切磋個把小時，我再騎車回到單位就已經是凌晨一點了，為了鞏固所學第二天早晨還要早起進行復習。就這樣風雨無阻、寒暑不停，一直堅持了四年多的時間，系統地學習了吳式太極拳的拳術、器械、內功、推手、散手、多種小功法等。到2004年王培生老師逝世前，20多年我一直從未間斷地追隨王老師學習研究吳式太極拳的拳理拳法。

吳式太極拳發源於大興，但新中國成立初期，北京大興地區卻看不到習練吳式太極拳的人的身影。我經過近40年對吳式太極拳系統的學習、研究和努力傳播，如今，吳式太極拳已在大興地區生根、開花、結果。現大興地區學練吳式太極拳者已近萬人，太極拳已成為大興地區的一張獨特的文化名片。

工作的時候，我即利用業餘時間寫作、授徒並向社會傳播以中華武術為載體的中國優秀傳統文化，退休以後，則更是把幾乎全部精力用在了武術事業上。

2001年我退休後，應邀在大興區老幹部大學陸續開設了三個太極拳班（初級、中級、高級），平均每個教學班有40餘人，每週堅持上5個半天課，至今已堅持16年，畢業生有2000餘人。

2005年，我創立了具有社團法人資格的「北京鳴生亮武學研究會」（AAAA級中國社會團體組織）。其中的「鳴」字，代表我的梁式八卦掌恩師李子鳴先生；「生」字代表我的吳式太極拳恩師王培生先生；「亮」字代表我。成立該研究會的目的，旨在光大兩位大師崇高的武德

張全亮在中央電視台（武林大會）上做裁判長

北京鳴生亮武學研究會初級、中級、高級培訓證書

人品、精湛的拳術技藝、高深的拳術理論，以弘揚傳統武術文化，培養傳統武術人才，服務全民健身事業，構建和諧社會為己任。

研究會現在全國及海外設有48個輔導站、8個分會。各下屬組織經常堅持練拳的約有5萬人；有能持證上崗的

社會體育指導員800餘人。研究會全國各地下屬單位在參加縣、區、市、全國、國際的各種武術比賽中共獲金牌2000餘枚，銀牌5000餘枚。

我所傳承和申報的吳式太極拳（北派），已於2009年被評為北京市市級非物質文化遺產代表性項目；2014年又克服重重困難和阻力，成功申報批准為國家級非物質文化遺產代表性項目。

2017年初，吳式太極拳又和陳式、楊式、和式、武式、王其和式、李式太極拳一起，被文化部列入中國太極拳聯合申報世界人類非物質文化遺產的行列。

吳式太極拳概要

吳式太極拳（北派）的內容和特點

拳術與器械

吳式太極拳（北派）歷代傳承人在繼承前人的同時，常有創新，使內容不斷豐富。

目前吳式太極拳（北派）傳承的主要拳術套路有：茂齋老架83式；楊禹廷83式；王培生37式、16式、乾坤戊己功、袪病健身小功法等；還有我創編的10式、18式、28式、八卦太極拳等。

傳承的主要器械套路有：太極刀、太極劍、太極槍、太極粘桿等。

傳承的主要推手練法有：單人平圓打輪，單人立圓打輪；雙人單手平圓打輪，雙人單手立圓打輪；單人雙手四正打輪，單人雙手四隅打輪；雙人雙手四正推柔，雙人雙手四隅推柔；大捋；爛採花；太極散手等。

吳式太極拳（北派）十分強調太極拳是哲理性拳術、頭腦功夫，是實用意念拳，上述所有的拳、械套路、推手都要求用意不用力，只求「粘連黏隨，引進落空」，認為一舉手、一投足稍一用力就落入旁門。習者不可不詳，不可不循。

運動特點

1993年出版的《中國太極拳劍競賽規則》第17條,對吳式太極拳的風格特點規定為:

> 輕靜柔化,緊湊舒伸,
> 川字步型,斜中寓正。

我透過30多年的實踐體悟,將吳式太極拳(北派)的運動特點概括為如下16句歌訣:

> 端莊平穩,氣度開闊。
> 單腿負重,川軌步型。
> 虛實分清,六球相佐。
> 立圓為主,緊湊舒伸。
> 輕靜柔化,伺機而動。
> 按竅運身,如水淘沙。
> 行雲流水,純以意行。
> 詩情畫意,三才相通。

吳式太極拳的健身與技擊原理

健身原理

吳式太極拳素有長壽拳之美譽,習練吳式太極拳的老

前輩長壽者居多，其原因我總結概括為如下12句歌訣。

> 鬆靜除張，緩慢增力，
> 細膩化瘀，想穴除疾，
> 柔化抗衰，觀妙開智，
> 中正安舒，單重輕靈，
> 體腦並練，益壽延年，
> 陰陽合德，與天同運。

技擊原理

吳式太極拳具有極佳的養生效果，這在太極拳界乃至武術界沒有異議，但其招式的技擊作用和效果卻鮮為人知。

我通過多年跟隨王培生先生學拳，認真觀察先生推手和技擊的神功絕技，對此卻深有感受，並將其技擊特點概括為「速、隱、神、險、博」五個字，從這五個方面對王培生先生的吳式太極拳技擊風格做了精煉概括。

後來，我又結合自己多年的教學實踐，對吳式太極拳的技擊特點、原理和效果進行了認真的觀察、體悟、印證和總結，並在此基礎上將吳式太極拳（北派）的技擊原理概括為如下6句歌訣：

> 上如行雲隨風變，下如流水順勢走。
> 彼剛我柔如翻版，處處旋渦處處軸。
> 引進落空合即出，粘連黏隨不丟頂。

吳式太極拳六原則

　　吳式太極拳（北派），特別是王培生先生傳授的吳式太極拳，特別強調「以心行意，按竅運身」，每個動作都要求以穴位引導，不但對袪病健身有極好的作用，而且隱蔽性極強，久練純熟，能運用自如之後，確實能達到「拳論」所說的「人不知我，我獨知人，英雄所向無敵」的境界。但這要有一個將穴位知識與太極拳動作有機結合的一個過程，跨越這個過程需要時日，也需要一個苦學苦練的過程。我透過30餘年的實踐，體悟出了六個不變的原則，實踐證明只要招招式式按這六個原則去用心鍛造、雕琢、打磨，就能夠一步步攀登上太極拳的高峰，領略到吳式太極拳無限美好的風光。

　　吳式太極拳六個不變的原則是：

　　　　三融四墜腹內鬆，公轉自轉氣騰然。
　　　　單腿負重川軌步，按竅運身水渦沙。
　　　　內導外隨神領形，以腰使手走螺旋。

吳式太極拳的文化價值

　　2008年，在籌備申報吳式太極拳北京市市級非物質文

化遺產之前，我曾把吳式太極拳的文化價值概括為這樣幾句話：「極高的養生價值，極強的抗暴功效，極好的開智效果，無窮的藝術趣味，廣泛的群眾基礎。」後來在申報國家級非遺時，我又覺得不夠全面，所以又做出了如下概括：

> 獨特的拳術理論，優美的拳式姿態。
> 迷人的文化內涵，極高的養生價值。
> 巧妙的抗暴功效，神奇的開智效果。
> 無窮的藝術趣味，廣泛的群眾基礎。

我們每一個炎黃子孫都應該為祖國的傳統武術、傳統太極拳的挖掘、整理、傳承、弘揚獻計、獻策、獻力。中國傳統的太極拳、太極文化，中國傳統武術、傳統文化是中華民族的至聖先賢在長期同自然災害、同野獸、同強敵爭生存、謀發展的浴血奮戰鬥爭中，用生命和鮮血換來的，浸透著民族精神和民族智慧，是極其珍貴的民族財富，源於中國，屬於世界，要倍加珍惜。

吳式太極拳是太極拳諸多流派中的一枝奇葩，它以易理為拳理，以陰陽變化為靈魂，其拳理拳法富含哲學、力學、心理學、生理學、醫學、中醫經絡學、美學及某些邊緣科學。隨著時代的發展，吳式太極拳越來越顯現其寶貴的文化價值和社會價值。加強對吳式太極拳的保護，加強對中國傳統武術文化的保護，對解決現代社會普遍存在的浮躁現象和亞健康狀態，對構建和諧社會有著十分重要的作用。

傳統吳式簡化太極拳10式

吳式太極拳的基本動作

基本常識講解

　　吳式太極拳和其他太極拳有很多相似之處，但也有其獨特的風格特點。下面，我們從身型、身法，步型、步法，拳型、拳法，掌型、掌法這四個方面來介紹。

基礎圖1　自然站立

右肩井　　左肩井

右湧泉　　左湧泉

基礎圖2　川軌步型

身型、身法

　　身型分兩種，一種是自然站立時的身型，一種是動作變化結束時的定勢身型。前者如「預備式」，要求端莊平穩，氣度開闊，周身骨節斷開，肌肉放鬆，要做到「三融、四墜、腹內鬆」。三融，即頭融天，腳融地，胸融空；四墜，即肩往腰上墜，腰往胯上墜，胯往膝上墜，膝往腳上墜；腹內鬆，即腹心鬆靜（基礎圖1）。

　　後者如「左腳橫移」等，其外形要求是單腿負重，中正安舒，呈「川軌步型」；其意念要求是「按竅運身」，向上要「如氣蒸騰」，向下要「如水洇沙」（基礎圖2）。

　　身法則要求所有的動作都要貫穿先想後做，先看後行；骨斷筋隨，神充氣催；眼看手追，神領形隨，公轉自轉同時進行等原則。在練習本書的10式、18式、28式套路時，在預備式動作中就要遵守以下口訣體會身心感受：

　　端莊平穩，氣度開闊。骨斷筋隨，三融四墜。
　　如沐春風，神充氣催。下頜微收，舌尖上頂。
　　眼向前看，耳向後聽。排除雜念，著意丹田。
　　身感搖晃，開始練拳。

步型、步法

　　吳式太極拳的「步型」通常被稱為「川字」步型。但什麼叫「川字」步型呢？分析一下就清楚了。比如把我們身體的左側，從肩井到湧泉這條線看做是「川」字左邊的一豎；從百會到會陰這條線看做是「川」字中間的一豎；把右側從肩井到湧泉的這條線看做是「川」字右邊的一豎。定勢一看，其外形不就像一個「川字」嗎！故稱之為「川字」步型。（基礎圖3）

　　但是我們在練拳時，如果每個動作都要求呈現這種步型狀態，那不就是雙重了嗎？那就完全不符合吳式太極拳「單腿負重」的最基本的要求。

　　我透過長期觀察研究發現，「川字」步型作為吳式太極拳的法

右肩井　　左肩井

右湧泉　　左湧泉

基礎圖3　川字步型

定步型是不確切的，應該以定勢時的步型為準。定勢時的步型是將「川字」中間的一豎和旁邊的一豎重疊起來，但重疊起來以後步型就不像「川字」了，而像一個「軌道」型。所以我迷茫了很久，最後決定把吳式太極拳的法定步型，改稱為「軌道」步型。我曾在很長一段時間的講課中，把吳式太極拳的步型都稱之為「軌道」步型，認為這樣就比較確切了。（基礎圖2、圖4）

但近兩年我又反覆認真的實踐體悟，並多方徵求意見，認為「川字」步型和「軌道」步型，這兩種定義都不十分確切，應該把這兩種稱謂有機地結合在一起，即把吳式太極拳的法定步型，定位為「川軌」步型。這樣就比較確切了。

也就是說在每個動作的運動變化過程中，必然會出現的瞬間的投影狀態是「川字」步型；一旦這個過程結束，動作定型時，必然呈現出的是「軌道」步型。所以在此我明確地將吳式太極拳的法定步型，改定為「川軌」步型。

「軌道」步型的步法又分為兩種，一種是正步，一種是隅步。

正步：兩腳一前一後平行站立，兩腳尖平行向前，形如軌道。後腳尖在八方線的中心交叉點上，前腳跟在45°的隅角線上，兩腳內側左右距離和前腳跟至後腳尖的前後距離，都恰為一豎腳長，前進、後退都要求這樣。此為正方形的步法，所以稱之為正步。（基礎圖4）

隅步：左右兩腳一前一後如同正步要求平行站立，形如軌道。後腳尖在八方線的中心交叉點上，前腳尖在45°的

兩腳平行

基礎圖4　正步兩腳尖都
朝前，外形呈軌道型

45°

基礎圖5　隅步兩腳尖都
朝前，外形呈軌道型

隅角線上，兩腳內側左右距離為一腳半長；前腳跟至後腳尖的前後距離為半腳長。前進、後退都要求這樣。此為長方形的步型，所以稱之為隅步。（基礎圖5）

　　吳式太極拳需要強調的基本步型，就是這兩種步型，其他的如仆步、虛步、坐步、歇步等步型和其他太極拳一樣，在這裏就不重複了。

　　另外，各式太極拳，在運動當中的步法也基本都一樣。即往前邁進的時候，後腳必須經過支撐腿的內側，弧線前邁，不能直線前進；往後撤步的時候，前腳也必須經過支撐腿的內側，弧線後撤，不能直線後撤。

　　這樣運動，一是可以提高步法的穩定性和靈活性；二是技擊時，可以有效避開對方進步時對我足跟的套鎖，使其落空，實現化打合一；三是我向其兩腿間進步時，可以避開對方前腳之阻礙，使對方失勢後仰，失去重心；四是便於同時進行膝打。（基礎圖6、圖7）

弧線前邁

基礎圖6　弧線前邁步型

弧線後邁

基礎圖7　弧線後邁步型

基礎圖8　拳型

拳型、拳法

在太極拳裏，拳又被稱為捶，如指襠捶、搬攔捶、撇身捶等等。其拳型要求是五指蜷曲鬆握，拇指輕貼於食指和中指第二關節。（基礎圖8）

至於拳法，各式太極拳基本相同，應根據不同動作的要求靈活使用。

掌型、掌法

各式太極拳掌型，均為五指自然舒展，不可太緊，也不可太鬆散。

太極拳在運動過程中出現的各種掌法，也都大同小異，無非是俯掌、仰掌、立掌、橫掌、反掌等等。吳式太極拳沒有特別於其他太極拳的不同掌法。

10式名目

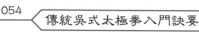

左展右收

左弓右按

左提右按

右展左收

左撤左按

第7式　斜飛勢(4動)

左掌斜挪

左掌下捋

左足前邁

左肩左靠

第8式　提手上式(5動)

半面右轉

左捋右挪

左掌打擠

右掌變勾

右勾變掌

第9式　白鶴亮翅(4動)

俯身按掌

向左扭轉

左掌上挪

兩肘下垂

第10式　收式(4動)

三指環接

環指平移

三環套月

太極還原

10式講解

動作圖解

　　本套路為傳統吳式太極拳動作最少的套路，共為10式。此套路主要是為既沒有寬鬆的時間又沒有任何一種太極拳（陳、楊、武、吳、孫等各式太極拳）基礎的人提供的。此套路易學、易練，可使習練者快速入門，並對吳式太極拳產生興趣。

　　這一套路雖屬創編，但其所有「零件」均來自吳式太極拳，並未有些許改動，甚至其先後順序也沒有變化，所以它仍然屬於傳統的吳式太極拳。這樣的做法，並非始於

本人，很多太極拳先師，實際上都是這麼做的。

　　本套路雖然簡單易學，但「麻雀雖小，五臟俱全」，筆者本著對傳承傳統吳式太極拳的高度使命感，盡量以通俗的語言，結合先師的傳授和自己數十年的練功心得，對每一式動作之規範、定勢時的感覺、健身的功效，以及其技擊意義、相關穴位等，都毫無保留地加以介紹，以使讀者盡快學會這個套路，並為進一步學習吳式太極拳打好基礎。

　　學者只要用心把這10個式子學好了，就等於推開了傳統吳式太極拳和太極文化的大門，就可以看到其無限迷人的風光，感受到傳統太極拳和太極文化的魅力。

　　至於學練的方法，我建議初學者應先著重磨練「動作」這一部分內容；待動作熟練規範之後，再細心體會身心「感覺」這一部分的介紹。至於「命名釋義」「健身功效」「技擊意義」「相關穴位」等這幾部分內容，只要先了解一下即可。以後，隨著練拳過程的深入，這幾部分內容自然會對你產生強大的吸引力，你不想研究它都不可能。它會很自然地成為你的向導，把你一步步帶入充滿神奇奧妙、令你流連忘返的太極境界。所以古人的「窮畢生之精力，難盡其奧妙」之慨嘆，絕非虛言妄語。望習者堅毅前行，日益精進。

　　這裏還要說明的是，練功時身心的感受、健身的功效、技擊的意義等內容，在這一套拳裏介紹最為詳細，而後面的18式，28式則言之較少，且未單列題目。之所以如此，是因為這一套是入門套路，是基礎的基礎。

如果大家把這一套學好了，真正入了門，以後照著這一套的路子去學、去練、去悟，不僅不用擔心會有問題，而且效果會很好。

預備式（1動）

命名釋義

運動開始之前，必須按拳理拳法要求，由內到外做好準備工作，進入規範的太極拳佳境，方可練拳。

動作說明

面向前方，自然站立（兩足之間不超過10公分），兩掌自然下垂，目視前方。全身放鬆，做到端莊平穩、氣度開闊。舌抵上齶，喉頭找大椎穴；同時想像周身骨節斷開，肌肉放鬆，骨骼、肌肉、皮膚之間都像打了氣一樣相互間拉開距離，周身毛髮在想像中也似乎都豎了起來，有頭融天、腳融地、胸融空、神充天地、勢滿寰宇、天人合一之感；隨即將意念收回丹田。（10式圖1）

身心感覺

先有神充天地、勢滿寰宇之感；著意丹田後，會有腹心鬆靜、神清氣爽、氣血蕩漾之感，又有好像站立在停泊於水中的船上時輕微搖晃之感。這說明已進入可以練拳的太極狀態。

健身功效

活血化瘀，安神益智，潤燥除脹。

10式圖1

技擊意義

久鍛鍊此式，便能做到體鬆、神寧、氣壯、應對從容。

相關穴位

•大椎

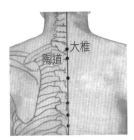

大椎

【位置】項後正中線，當第七頸椎棘突下凹陷中。

【所屬經脈】為督脈與手太陽小腸經、手陽明大腸經、手少陽三焦經四經交會之處。

【功能】乃「陽中之陽」，為「調益陽氣之總綱」。

【防治】咳嗽、氣喘、盜汗、頭疼、背痛、肩痛、腰痛、項強、脊強、風疹等。

•丹田

武術家、養生家均提倡練功時要著意的「丹田」，通指下丹田。下丹田為煉精化氣、神氣生起及歸藏之處。由於保密，其位置、名稱歷代說法不一。但一般多指「氣海」或「關元」這兩個穴位。我的傳承是以意守關元穴為主。

•氣海

【位置】下腹部前正中線臍下1.5寸處（這裏的「寸」，是指「同身寸」，即將本人體表的某些部位折合成尺寸，並以此作為取穴時量取長度的單位。一般以中指第一二指節內側橫紋的寬度為1寸，叫「中指同身寸」）。

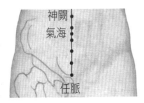

氣海

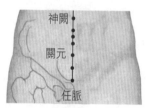

神闕
關元
任脈

關元

【所屬經脈】屬任脈，為腹部納氣之根，大氣所歸，猶百川之匯海，故曰「氣海」。

【功能】此穴與肺氣息息相關。中醫有「氣為血帥」之說，本穴能助全身百脈之疏通，故為強壯、保健要穴。經常著意此穴，可形鬆氣降，神凝勢壯，潤燥升清。

【防治】腹痛、泄瀉、便秘、遺尿、疝氣、遺精、陽痿、月經不調、經閉、崩漏、虛脫等疾病。

• 關元

【位置】下腹部前正中線臍下3寸。

【所屬經脈】屬任脈，為人身陰陽元氣交關之處，為養生家聚氣凝神之所。

【功能】經常著意此穴可形鬆氣降，神凝勢壯，潤燥升清。

【防治】其所治之病多為虛證，如遺精、陽痿、尿頻、癃閉以及女子月經不調等。

第1式 起式（5動）

命名釋義

拳術套路的開始、頭一個動作，叫起式。共有5個動作，即左腳橫移、兩足平立、兩腕前掤、兩掌下採、蹲身下按。

動作說明

1.左足橫移

由上式，左膝鬆力、微曲，重心隨之右移，鼻子尖與右足大趾尖上下垂直，尾　骨與右足跟上下垂直，重心完全落於右腿。意想右側沉肩墜肘，鬆腰鬆胯，目向前遠方巡視，左足有虛起之感；隨即想一下右膝後面

10式圖2

的委中穴，右手小指向右踝骨外側10公分處以意指地，左足會自動向左橫移，在右掌小指控制下，左足大趾輕輕著地。（10式圖2）

2.兩足平立

上動不停，意想右手無名指指地，左足二趾著地；意想右手中指指地，左足中趾著地；意想右手食指指地，左足四趾著地；意想右手大指指地，左足小趾著地；意想右手四指根落地，左足掌著地；意想右手心落地，左足心著地；意想右掌跟落地，

10式圖3

左足跟著地；左足從大趾開始在右手的控制下按要求依次落地後，會自動出一口很痛快的氣，橫膈膜感到非常鬆舒。（10式圖3）

3.兩腕前掤

由上式，意想兩腎間的命門穴，兩掌自會向前移動；

10式圖4　　　　　　　10式圖5　　　　　　　10式圖6

隨即再想兩腳下的湧泉穴，兩腳十趾會有抓地之感，兩手十指也會有回收之意；順勢再想一下兩掌腕橫紋中間的大陵穴，十指自會撮攏回夠；隨即意想兩腋下之極泉穴，兩大臂自會上抬；隨即想兩肘內側的少海穴，兩小臂自會上抬；待兩腕上抬至高於肩低於耳時，胸中會有空暢感和饑餓感。（10式圖4）

4. 兩掌下採

由上式，先想一下兩掌心的內勞宮穴，十指自然舒展，兩掌會有如在水中按球之感（10式圖5）；隨即再意想兩手背上之外勞宮穴，兩掌似有重物下墜，自然向下降落（10式圖6）。待兩掌降至與肚臍相平，身體有前傾之感時，意想兩肘前上方的曲池穴，兩掌自會平收於腹前兩膝上方，有如浮在水面上或扶在沙發扶手上，感覺小腹沉實（10式圖7）。

10式圖7

10式圖8

5.蹲身下按

由上式，待兩掌降至兩膝上方，上體有欲向後仰之感時，想兩肩上方的肩井穴，兩腿自會曲膝坐胯；待兩掌隨曲膝坐胯降至兩大腿外側，兩掌大指對準風市穴時，起式完成。（10式圖8）

身心感覺

左腳橫移時，感覺身體右半部緊張，左半部鬆弛；兩足平立時，感覺痛快出氣，橫膈膜舒暢；兩腕前掤時，有心胸空暢感和饑餓感；兩掌下採時有如手扶物，小腹沉實之感；蹲身下按時有兩腿發脹發熱，沉實有力，上輕下實之感。

健身功效

此五個動作堅持練習有通暢氣血、升清降濁、健脾養胃、壯腰健腿等功效，對心腦血管疾病、脾胃不和、腰腿不利等疾患均有良好的調理作用。

技擊意義

此套路乃為初學入門者而提供，主要目的是讓毫無太極拳基礎的人，能在較短時間內掌握吳式太極拳的10個簡單動作，以達到入門和對吳式太極拳產生興趣的目的。其技擊意義是要在拳式動作規範、熟練以後才能研究的課題，如果過早地去考慮每式的技擊含義，會喧賓奪主，妨礙拳式的學習。

拳論要求，由招熟而漸悟懂勁，由懂勁而階及神明。這是前人長期實踐經驗的總結，習者不可不知。由於初學者連「招熟」都沒有做到，所以「技擊意義」不附演示圖片；之所以還要在這裏介紹每一式的技擊意義，是為了讓初學者知道太極拳是武術，是技擊的拳術，而不是健身操。太極拳既有極高的養生價值，又有極強的抗暴功效，還有極好的開智開悟效果，其文化內涵博大精深，外延無限廣闊。太極拳是內家拳術，是頭腦功夫，是中國傳統文化的載體。懂得了這些，人們才會對學習和研究太極拳產生濃厚的興趣。

1.左腳橫移

當對方向我右側推擊時，我目視遠前方，同時右手小指指地，左腳橫移，身體微微右轉，即可使對方落空、失中或旋轉跌倒。

2.兩足平立

周身放鬆可防各方進攻之力，如對方用右手向右推撥我之左肩時，我周身放鬆，只把意念放在右肩或身之右側的某一部位，對方就推撥不動了。

3.兩腕前掤

當對方雙手抓住我的兩腕時，我同時鬆腕，手指先指一下地隨即回夠手腕內側橫紋中點兩筋間的大陵穴，腕部向前突出，意想貼對方掌心之內勞宮穴，對方自會向後仰跌。

4.兩掌下採

當上述兩腕前掤未能發揮作用，對方抓住我之兩腕向後拽時，我速將五指舒伸，意想兩手背之外勞宮穴，向下離開對方手心之內勞宮穴，以造成對方前傾之勢。這時我速想兩肘上方橫紋盡頭之曲池穴，兩肘自會下沉後移，使對方向前撲跌。

5.蹲身下按

當上述「兩掌下採」未能發揮作用，對方仍死死抓住我兩腕不放時，我速意想兩肩上方凹陷處之肩井穴，我自然便會沉肩坐胯，同時意想兩掌向下按地，或同時向左右微微轉胯，對方即可跌倒。

相關穴位

•委中

【位置】兩膝關節後面　窩橫線的中點。

【所屬經脈】足太陽膀胱經，為下合穴。

【功能】理氣，泄暑熱，通經活血。

【防治】腰痛、下肢痿痹、中風昏迷、半身不遂、腹痛、嘔吐、腹

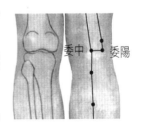

委中

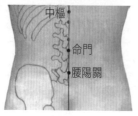

命門

瀉、小便不利、遺尿、丹毒等。

·命門

【位置】腰部,當後正中線第二腰椎棘突下凹陷中,前與肚臍相處。

【所屬經脈】督脈。

【功能】興陽益氣,寧心安神,補腎固本,通利腰脊。

【防治】失眠,視物不清,後腦痛,繞臍痛,遺精、陽痿、帶下、遺尿、尿頻、月經不調、泄瀉、腰脊強痛、下肢麻痹,手足逆冷等。

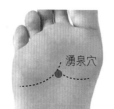

湧泉

·湧泉

【位置】足底,蜷足時前1/3凹陷處。

【所屬經脈】足少陰腎經,為井穴。

【功能】通經活絡,滋陰降火,養肝熄風,開竅寧神。

【防治】循環系統、排泄系統諸多疾患。

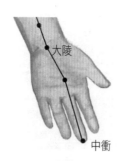

大陵

·大陵穴

【位置】腕橫紋中點兩筋之間。

【所屬經脈】手厥陰心包經。

【功能】催眠安神。

【防治】心煩、心痛、心悸、胃痛、嘔吐、癲狂等。

• 極泉

【位置】腋窩正中，動脈應手處旁邊。

【所屬經脈】手少陰心經。

【功能】活血鎮痛。

【防治】心、胸、脅病，上肢病，咽乾煩渴、悲愁不樂等。

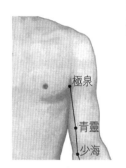

極泉

• 少海

【位置】肘內側橫紋頭陷中。

【所屬經脈】手少陰心經。

【功能】通經活絡。

【防治】心痛、兩臂麻木、肘關節痛、手顫肘攣。

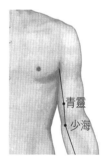

少海

• 內勞宮

【位置】在掌中央，屈無名指和中指，當兩指端所著之處取之。

【所屬經脈】手厥陰心包經。

【功能】養陰安神。

【防治】心煩、胸脅滿痛、不可轉側、口舌生瘡、口臭、牙齦糜爛、大小便血、吐衄嘔逆、手心發熱、鵝掌風、手顫、中風、悲笑、黃疸、熱病、汗不出等。

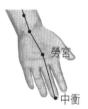

內勞宮

• 外勞宮

【位置】手背，第二、三掌骨間，

外勞宮

指掌關節後0.5寸凹陷中。

【所屬經脈】經外奇穴。

【功骹】舒筋活絡，和中理氣。

【防治】手背紅腫，手指麻木，五指不能屈伸，落枕及頸椎綜合徵，腹瀉，便溏，消化不良等。

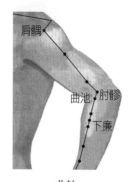

曲池

• 曲池

【位置】兩臂曲肘作拱手式，在肘窩橫紋端，近肘關節。

【所屬經脈】手陽明大腸經。

【功骹】祛風解表，清熱利濕，調和營血。

【防治】高熱、胸骨疼痛、上肢關節痛、肘中痛、全身風濕疼痛、上肢麻痺、中風偏癱、手肘無力等。

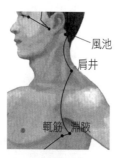

肩井

• 肩井

【位置】鎖骨窩直上肩峰上稍後處，或兩掌於鎖骨前交叉相抱時，兩掌中指點按的位置。

【所屬經脈】足少陽膽經。

【功骹】通經活絡，散風止痛，疏風開胸，降逆平沖。

【防治】肩背、頸項、上肢疾患，中風等。

• 風市

【位置】大腿外側正中，當直立時，兩臂自然下垂中指尖所至處。

【所屬經脈】足少陽膽經。

【功能】疏經活絡，袪風除濕。

【防治】風濕腰腿疼痛、下肢癱瘓、半身不遂、膝關節病等。

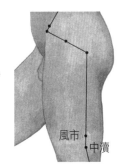

風市

中瀆

風市

第2式　左摟膝拗步（4動）

命名釋義

此式是以一掌摟膝，一掌前按——只要是左腳在前而推右掌或右腳在前而推左掌形成左右交叉式，即為「拗步」。拳法中講：以手橫過膝蓋或下按膝蓋等動作成為摟膝，是破敵下路的方法，故取是名。

動作説明

1. 左掌前掤

由上式重心左移，沉右肩墜右肘，左掌向右前上方掤起，掌心朝前，掌指上豎，大指對正鼻子尖，眼看食指商陽穴。（10式圖9）

10式圖9

2. 右提左按

由上式，右腕上提，左掌下按，目視右掌之虎口，意在合谷穴。（10式圖10）

3. 左轉左按

上動不停，右腕繼續上提，虎口一貼近耳門上體隨之左轉，左掌隨之內旋下按

10式圖10

10式圖11

10式圖12

10式圖13

10式圖14

至左膝外側。左胯左膝回收，目視左掌中指。（10式圖11）

4. 右掌前按

由上式，重心不變，左足向左掌心下方橫移，足跟著地，足尖上翹，豎腰立頂，目視前遠方。（10式圖12）

隨即重心前移成左弓步，意在伏兔穴。右掌以無名指引導，由右肩上方，經過口向右足前上方平穿（10式圖13）。隨即左掌沉肩墜肘以意扒地，意在外勞宮穴。右手在左掌的催動下，螺旋向左足前上方橫按，意在右肘內側的少海穴，與左膝內側的血海穴相合，虎口朝上，目平視遠前方。（10式圖14）

身心感覺

每一式負重腿都會不同程度地感到發熱、發酸、發脹，虛手掌心和虛腳腳心也會同時感到輕微的蠕動或發熱。

健身功效

此式內能充分刺激手足之三陰三陽經脈，外可全面鍛鍊周身關節韌帶，若方法規範合度，其動作對兩髖關節和兩膝關節的股四頭肌鍛鍊效果極佳，久練腰腿強健、有力、靈活、無滯。

技擊意義

設對方以右足向我踢來，我無須躲避，只要抽腰坐胯，重心右移收左足；同時右掌鬆腕上提，左掌向下輕輕扶按對方右膝，對方即可失勢不穩；我隨即快速進左足，右掌同時向對方面部穿按，對方或會受到重創，或會向後仰跌。若對方以左足向我踢來，我同樣以上述方法對之，惟方向相反。

相關穴位

•商陽

【位置】食指末節橈側，距指甲角0.1寸。

【所屬經脈】手陽明大腸經。

【功能】解熱鎮痛。

【防治】耳聾、牙齒疼痛、咽喉腫痛、手指麻木、中風昏迷、下頜腫痛，高熱不退。

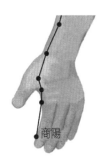

商陽

合谷

・合谷

【位置】在兩手虎口一、二掌骨間，當第二掌骨橈側中點。

【所屬經脈】手陽明大腸經。

【功能】疏風解表，通經開竅，行氣活血，通絡止痛。

【防治】感冒、頭疼、喉痛、牙痛、面腫、面神經麻痺、張口困難、口眼歪斜、神經衰弱、耳聾、高血壓、手指痙攣、臂痛、偏癱、腹痛、便秘、痢疾、腹瀉、闌尾炎、月經不調、全身風濕痛、病後餘熱不退。

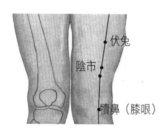

伏兔

・伏兔

【位置】曲膝，在髕骨上緣六寸，或以掌根按於髕骨上緣中間，向前下俯按，中指所對的位置。

【所屬經脈】足陽明胃經。

【功能】舒筋活絡，健利腰脊。

【防治】腰腿疼痛、四肢麻痺、膝痛、腹脹、腳氣、疝氣。

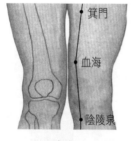

血海

・血海

【位置】曲膝成直角，以兩掌心按於髕骨中間內緣，四個手指向下，大指向膝內側，指端所指之凹陷中，既是此穴。

【所屬經脈】足太陰脾經。

【功能】理血止癢。

【防治】月經不調、經痛、經閉、崩漏、蕁麻疹、皮膚瘙癢、丹毒、小便淋漓、股內側痛。

第3式　手揮琵琶（4動）

命名釋義

兩手一前一後，前後擺動滾轉好似揮彈琵琶的樣子，故取此為名。

動作說明

1. 右掌回捋

由上式，前腳蹬力，重心後移，右腿曲膝下坐。右手沉肩墜肘，自動順勢沿左腿方向螺旋向胸腹前移動，掌根下沉，掌心向內。左足尖翹起，左掌置於左胯左後方，目平視前方。（10式圖15）

10式圖15

2. 左掌前掤

由上式，重心不變，身體微向右轉。右掌臂內旋掌心向下，左掌同時外旋手心斜向上，於右肘、掌下方向前上方穿伸，右掌同時與之相搓，後撤至左肘內側。（10式圖16）

3. 左掌平按

由上式，重心前移，成左弓步，

10式圖16

| 10式圖17 | 10式圖18 | 10式圖19 |

意在伏兔穴。同時左臂內旋平橫於胸前，掌心向下，右掌同時外旋，掌心向上扶托於左肘下方。目平視遠前方。（10式圖17）

4.左掌上掤

由上式，重心不變，左掌向左前方伸展（10式圖18）。隨即外旋，使掌心向上，沉肩意在肩井穴。墜肘，意在屈池穴。鬆胯，有上托之意。重心不變，左掌繼續上托，帶動右足向左足靠攏。左腿直立，右掌向後沉肩墜肘，移於右肋下，重心仍在左腿。目視左掌方向。（10式圖19）

身心感覺

「右掌回捋」時會有心胸舒暢，右腳平穩有勁，兩掌掌心有輕微蠕動感；「左掌前掤」時右掌心和左足心會有輕微蠕動感；「左掌平按」時會有全身舒暢，左掌心輕微蠕動感；「左掌上掤」時會有左足如植地生根，左掌心右

足心有發熱和輕微蠕動感。

健身功效

久練此式可有效疏通手三陰、三陽之經絡，增強心肺功能。

技擊意義

設對方以右掌向我胸部擊來，我隨即重心右移，以右掌內旋翻手抓住對方右腕，順勢往自己腹前捋帶，左掌同時外旋上托對方右肘，對方右肘關節即可受傷；如未奏效，即順勢重心前移成左弓步，同時左掌內旋平按對方右臂，右掌抓握對方右腕外旋擰轉，兩掌合力會使對方肘臂受傷；如仍未奏效，則左掌俯掌前伸先削其左頸動脈，對方必然扭頭躲避，我隨即腕外旋上托，同時右足向左足靠攏，身體直立對方必會仰面跌出。

第4式　左野馬分鬃（3動）

命名釋義

此式為象形動作，以自身之頭部和軀幹比喻為馬的頭；以四肢比喻為馬之鬃毛，兩手左右、上下、前後之擺動，兩腿重心之前後變換，要如野馬奔騰時鬃毛隨之聳動、分張、瀟灑、飄逸之優美姿態，故取此名。

動作說明

1. 左掌下採

由上式，重心回到右腿，右腿曲膝下蹲，左掌隨降至右膝前（10式圖20）；隨即右掌上托外推於左耳旁，左手隨右手上托降至左膝前下方，目視左前方（10式圖21）。

10式圖20　　　　　　10式圖21　　　　　　10式圖22

2. 左足前邁

由上式，重心和姿勢均不變，左足向左前方邁進一步，足跟著地，足尖翹起，目視左足方向。（10式圖22）

3. 左肩左靠

由上式，重心前移成左弓步，意在伏兔穴。左手向左前上方外旋伸舉至左手大指與左側太陽穴平行時，右手同時前移與左手脈門相貼（10式圖23）。

隨即回頭向右足外側遠方看，右手隨之向眼神一致的斜下方向移動，兩掌前後分展但要相互牽拉助力，意在左肩井穴。左胯之環跳穴向左腿上鬆坐，擰頸回頭目視右掌方向，右掌心與右踝骨上下相合。（10式圖24）

身心感覺

此式每一個動作完成時，負重腿都會有不同程度的發熱、發脹、發酸的感覺，兩臂感到輕鬆舒展，心舒氣朗，氣勢磅礴，前肩有力。

| 10式圖23 | 10式圖24 |

健身功效

重在鍛鍊腰胯，上下旋擰，可有效提高臟腑、韌帶之彈性，振奮精神，防老抗衰。

技擊意義

設對方以左手擊我右面部，我速重心右移，曲膝坐胯，右手外旋上托，掌心向上，輕扶於對方左肘臂下方；同時左足向對方右足後側邁步，足跟著地，鎖住對方右腿；同時右手向左推其右臂至左耳側，左手向右膝前下方插伸；隨即蹬右足左膝前弓，兩臂向左上、右下分展，目視右掌方向，以左肩靠打對方左脅肋處，即可將對方發出；如對方以右手擊我左面部，我仍按上述要求應對，唯方向相反。

相關穴位

‧太陽

【位置】耳廓前面，前額兩側，眉梢與外眼角連線的

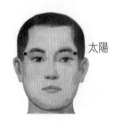

太陽

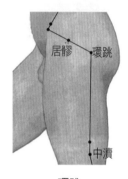

環跳

中點。

【所屬經脈】經外奇穴。

【功能】清瘟降火，升清降濁。

【防治】偏正頭痛、目赤腫痛、目眩、目澀、牙痛、三叉神經痛。

• 環跳

【位置】股骨大轉子與骶管裂孔連線的外 1/3 與內 2/3 的交界處。或側臥屈膝，於足根所對位置取之。

【所屬經脈】足少陽膽經。

【功能】通經活絡，祛風散寒，健利腰腿。

【防治】坐骨神經痛、腰胯痛、下肢麻痹、半身不遂。

餘見前。

第5式　左右金雞獨立（14動）

命名釋義

此式係以一腿支持體重，而另一條腿曲膝提起垂懸不落，形如雞之單腿獨立狀態，故取此為名。

動作說明

左獨立式（7動）

1. 右掌回捋

由上式，重心和姿勢均不變，上體左轉，右掌隨轉腰之勢降落，經右膝外側，向左膝內側垂伸；左掌亦隨之移

10式圖25　　　10式圖26　　　10式圖27

至右肩前，成左弓步，意在伏兔穴。目視右掌。（10式圖25）

2.左弓回看

由上式，上體左轉，回頭看右足。左掌外旋，掌心向上，置於右肩前，右掌內旋，虎口張開，掌心向下，欲要抓右足腕。（10式圖26）

3.右掌前指

由上式，上身直立，目視遠前方，右掌亦同時直臂前伸，追眼神。（10式圖27）

10式圖28

4.右掌上掤

左腿直立，目視天空，同時右掌向上直臂指天，追眼神。（10式圖28）

10式圖29　　　　　　10式圖30　　　　　10式圖31

5. 左掌前指

由上式，重心、姿勢均不變，隨即目視遠前方，左掌亦同時直臂前伸，追眼神。（10式圖29）

6. 左掌下指

由上式，重心、姿勢均不變，左掌順勢下指，目視前遠方。（10式圖30）

7. 右提遠眺

由上式，左掌與眼神剛一相接，隨即分開，眼看地面。左掌追眼神，降落指地。隨即右腿曲膝上提，右足心（意在湧泉穴）找左掌中指，意在中衝穴。右臂姿勢不變，目視遠前方。（10式圖31）

右獨立式（7動）

1. 左屈右落

由上式，兩掌姿勢不變，左腿曲膝下坐，右足跟輕輕

10式圖32

10式圖33

10式圖34

落地，足尖上翹。（10式圖32）

2. 右弓回看

由上式，重心前移，成右弓步，意在伏兔穴。上體右轉，回頭看左足。右掌外旋，掌心向上，置於左肩前；左掌內旋，虎口張開，掌心向下，欲要抓左足腕。（10式圖33）

3. 左掌前指

由上式，上身直立，目視遠前方，左掌亦同時直臂前伸，追眼神。（10式圖34）

10式圖35

4. 左掌上捌

由上式，上體微左轉，面向正前方，重心前移，右腿直立，目視天空，同時左掌向上直臂指天，追眼神。（10式圖35）

10式圖36

10式圖37

10式圖38

5. 右掌前指

由上式，隨即目視遠前方，右掌亦同時直臂前伸，追眼神。（10式圖36）

6. 右掌下指

由上式，重心、姿勢均不變，右掌順勢下指，目視前遠方。（10式圖37）

7. 左提遠眺

由上式，右掌與眼神剛一相接，隨即分開，眼看地面。右掌追眼神，降落指地。隨即左腿曲膝上提，左足心（意在湧泉穴），找右掌中指（意在中衝穴）。兩掌姿勢不變，目平視遠前方。（10式圖38）

身心感覺

此式左右負重之腿均會有不同程度的發熱、發脹之感覺，提膝之腿的腳心和兩掌心均會有不同程度的蠕動或發

熱的感覺，周身會有神充天地、勢滿寰宇之氣勢。

健身功效

可提高身體的穩定性，提神健腦。

技擊意義

設對方以左拳向我胸部打來，我速左轉身左膝前弓，右手內旋抓捋對方左腕向左腿外側按壓，同時左臂外旋，掌心朝上，虎口撐開，掐捏對方咽喉；隨即左手內旋向下按壓其左腕，右手外旋握拳上提擊其下頜，或以掌向上撩穿對方下頜，同時右膝上提撞其襠腹。如對方以右手擊我胸部，我仍按上述要求應對，唯方向相反。

相關穴位

・中衝穴

【位置】手中指指端中央。

【所屬經脈】手厥陰心包經。

【功能】回陽救逆，開竅通經。

【防治】中風昏迷、暈厥、心痛、頭疼發熱、心煩意亂、痰涎壅盛、牙關緊閉。

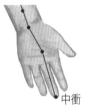

中衝

餘見前。

第6式　倒攆猴（8動）

命名釋義

拳中術語，將退步過程中腰胯向後移動，稱為倒攆勁，把敵人稱呼為猴。此式動作是以退為進，將對方所來之直力化為斜向力，或使之打漩而前傾，而我則形成追趕之勢。

動作說明

1. 獨立反按

由上式，下肢重心、姿勢均不變，右手上托至左膝前隨即向前反按，掌心斜向下，左掌亦同時鬆腕、撮指回收至左肩前，虎口靠近左耳。目視右掌掌根，意在脊背之身柱穴。（10式圖39）

2. 左撤左按

由上式，右掌內旋掌心向下，意想摟左膝，左膝躲避外擺，意想按左足（10式圖40）。左足後撤，隨即右手向右膝外側扒地下按，左掌同時向前推擊，成右弓步，意在右腿伏兔穴，目平視左掌前方（10式圖41）。

3. 右提左按

由上式，重心左移，右手鬆腕上提至右耳前，眼看虎口（10式圖42）。左腿曲膝坐胯，成左坐步式，右足尖上翹，足跟著地，隨即眼看右膝，左掌隨之下按（10式圖

10式圖39   10式圖40   10式圖41

10式圖42

10式圖43

10式圖44

43）。左掌剛要摸到右膝，立身抬頭向前看，左手隨即離開右膝（10式圖44）。

4. 左展右收

由上式，左手隨眼神依次摸右胯內側、左胯內側、左膝內側，隨即上體左轉（10式圖45）。左手向左後方擺

10式圖45

10式圖46

動，眼看左掌方向，右足借勢向後收至左足內側，足尖著地，足跟提起（10式圖46）。隨即上體右轉目視遠前方，左掌由左後前移，追眼神（10式圖47）。

5. 左弓右按

由上式，右足後撤左手扒地，意在外勞宮穴。右掌前

10式圖47　　　10式圖48　　　　10式圖49

10式圖50　　　10式圖51

按，意在右肘內側之
少海穴與左膝內側之
血海穴，成左弓步，
目視遠前方。（10式
圖48）

6.左提右按

由上式，重心右
移，左手鬆腕上提至
左耳前，眼看虎口。
（10式圖49）

　　右腿曲膝坐胯，成右坐步式，左足尖上翹，足跟著
地，隨即眼看左膝，右掌隨之下按（10式圖50）。右掌剛
要摸到左膝，立身抬頭向前看，右手亦即離開左膝（10式
圖51）。

10式圖52

10式圖53

7.右展左收

由上式，右手隨眼神摸左胯內側、右胯內側、右膝內側，隨即上體右轉。右手向右後方擺動，眼看右掌方向。左足借勢向後收至右足內側，足尖著地，足跟提起（10式圖52）。隨即上體左轉目視遠前方，右掌由右後前移追眼神（10式圖53）。

10式圖54

8.左撤左按

由上式，右腿曲膝坐胯，左足後撤，成右弓步，意在伏兔穴。同時右掌向右膝外側扒地下按，意在外勞宮穴；左掌向前推按，意在左肘內側之少海穴，與右膝內側之血海穴相合。（10式圖54）

身心感覺

「獨立反按」會有腰部發熱、右掌掌心蠕動之感；
「左撤左按」會有右腿發脹發熱，兩掌掌心蠕動之感；
「右提左按」會有左腿發脹發熱、兩掌掌心蠕動之感；
「左展右收」會有左腿發熱發脹、兩掌輕微蠕動之感；
「左弓右按」會有左腳發脹、發熱，右腳和兩掌掌心輕微
蠕動之感；「左提右按」會有左腿發熱發脹、右腳和兩掌
心輕微蠕動之感；「右展左收」會有右腿發熱發脹、兩掌
輕微蠕動之感；「左撤左按」會有右腿發脹發熱、兩掌掌
心蠕動之感。

健身功效

可有效提高身體左右、上下、前後的協調性，提高腰
腿的靈活性和重心的穩定性；有效鍛鍊周身關節、韌帶，
特別是腰胯關節，防治周身關節疾患。

技擊意義

設對方以右拳向我胸部擊來，我速左轉身，右手外
旋，掌心向上，復向前下反按擊打對方腹部，同時左掌鬆
腕上提，左膝亦同時上提，以助其力。

若對方以右手抄我左腿，我便速向左轉身以右手抓其
右腕內側，復臂內旋向右胯外側将帶，同時撤左步，左掌
向前擊打對方面部。

如對方以左手接拿我之左腕，我則速將重心左移曲膝
坐胯，左手抓其左腕向下按壓，右手鬆腕上提。如此，對
方必向前傾倒。我再速撤右足，左手握住敵腕向左膝外側
移動，右手向前擊打對方頭面。餘式以此類推。

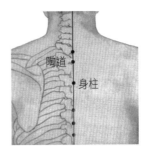

相關穴位

・身柱

【位置】第三胸椎棘突下凹陷中。

【所屬經脈】督脈。

【功能】振奮正氣。

【防治】眩暈、氣喘、咳嗽、腰脊強痛、癲癇。

身柱

餘見前。

第7式　斜飛勢（4動）

命名釋義

此式的兩臂分合閉張等動作，好像大鵬展翅，斜形飛翔於上空，故取此名。

動作說明

1.左掌斜挪

由上式，下肢重心、姿勢均不變，上體左轉，使右下腹部落於右大腿根部，同時右掌和左掌分別向右斜下方、左斜上方推撥，掌心均反向外，大指朝下，意念在右掌，意想外勞宮穴，眼神看左掌食指，意在商陽穴。（10式圖55）

10式圖55

2.左掌下捋

由上式，下肢重心、姿勢均不

10式圖56

10式圖57

10式圖58

變，左掌從上向下外旋下捋至右膝內側稍前處，右掌同時由右後方外旋向左推至左肩前，目視左肩方向。（10式圖56）

3. 左足前邁

由上式，重心不變，沉右肩，意在肩井穴，墜右肘，意在曲池穴，左足向左前方邁出一步，足跟著地，足尖翹起，目視左前上方。（10式圖57）

4. 左肩左靠

由上式，重心前移，成左弓步，意在伏兔穴。同時左掌前伸掌心向上，沉肩墜肘，兩腎間的命門穴，找左胯的環跳穴，右掌亦同時向後移至右胯上方，意在左肩，目視左掌方向。（10式圖58）

身心感覺

「左掌斜掤」「左掌下捋」均會有右腿發脹、發熱、發酸，兩掌掌心輕微蠕動之感；「左足前邁」會有右腿加重、發熱、發脹之感；「左肩左靠」會有左腿發脹發熱，兩掌掌心輕微蠕動之感。

健身功效

此式對腰胯關節有很好的鍛鍊效果，久練此式可使腰腿靈活強健，腹心鬆靜，神舒氣爽。

技擊意義

此式可破對方擊打我之兩側面部。設對方以右掌擊打我之左側面部，我速右腳前邁，曲膝成右弓步，同時左臂內旋，虎口朝下，向外推撥對方右大臂內側；對方又以左手擊打我之右面部，我速重心下移，右手外旋向上推托對方右肘臂於我左耳外側，同時左手下壓使對方右臂至於我右膝前，隨即上左足，足跟著地鎖住對方右腿，右腿蹬地左膝前弓，兩掌左上右下前後分展，可使對方受制仰跌。

第8式　提手上式（5動）

命名釋義

此式為象形動作。右掌變勾和身形向上伸長升起如提物狀，故取此名。

動作規範

1.半面右轉

由上式，身體右轉同時右足跟內收，兩掌姿勢不變順勢移動；隨即左足尖內扣，左掌前伸，右膝前弓，意在右

10式圖59

10式圖60

10式圖61

10式圖62

腿伏兔穴，左掌與右足上下相對。（10式圖59）

2. 左捋右掤

由上式，前腳蹬地，左腿曲膝下坐，右足尖翹起，同時左掌回捋，右掌上掤，成右抱七星式，目視正前方。（10式圖60）

3. 左掌打擠

由上式，重心移至右足，右掌內旋曲臂橫平於胸前，左掌心扶於右腕內脈門處，意在脊背之身柱穴，目視前方。（10式圖61）

4. 右掌變勾

由上式，右掌五指撮攏變勾向上提起，身隨之向前，收左足與右足並齊，左腳掌虛著地面，左掌下按，視線與意均在右腕。（10式圖62）

5.右勾變掌

由上式,右勾上提,至身直時變掌,掌心轉向前上方,意在右掌心,仰視遠上方。(10式圖63)

10式圖63

身心感覺

「半面右轉」時左腿會感覺發脹、發熱,兩掌掌心輕微蠕動。「左捋右掤」時左腿會有發熱、發脹感覺加重,右腳心和兩掌心輕微蠕動之感。「左掌打擠」時會感覺全身力量由腳而腿而腰,達於脊背,形於手指,並覺氣勢完整一體。「右掌變勾」當五指聚攏時,右小腿會感覺很緊張,猶如汽車踩剎車踏板之感,右掌掌心蠕動。「右勾變掌」時會感覺胸部舒暢,兩掌掌心發熱,有蠕動感。

健身功效

此式扭轉、俯坐、勾提,運動全面,特別是對腰胯、膝腕等關節之鍛鍊效果尤佳,可充分活躍手足三陰三陽之經絡,內外兼修。

技擊意義

設對方以左掌向我胸部擊來,我速以左手粘其腕部,同時重心左移曲膝下坐,右足前邁並以右肘粘其左肘,將對方左臂拿住;隨即右膝前弓,右臂曲肘橫平於胸前,左手扶於右手脈門處,意想背後之夾脊處之身柱穴,向前與右腳之湧泉穴上下相合,將對方擠出。

對方如未傾倒,我隨即右手鬆腕聚攏上提,以腕關節

擊打對方下頜；待對方躲閃，我立身前俯繼續托按對方之下頜，使對方仰倒。

第9式　白鶴亮翅（4動）

命名釋義

此式亦是象形動作。兩掌一上一下，兩臂不對稱。身體扭轉單手上舉為展翅，雙手上伸為亮翅，故取此名。

動作説明

1. 俯身按掌

由上式，視線注視右掌食指尖之少商穴，漸漸向下俯身，俯至右掌與肩平掌心向外時，視線改為注視左掌食指尖，左掌向下按至極度為止；俯身時兩腿直立，膝部不要彎曲，意在左掌掌心之內勞宮穴。（10式圖64）

2. 向左扭轉

由上式，右膝鬆力，左臂外旋指尖下垂，掌心轉向外，視線先看拇指、食指指肚，最後目視中指指肚。（10式圖65）

10式圖64

10式圖65

| 10式圖66 | 10式圖67 | 10式圖68 |

3. 左掌上掤

由上式，眼神離開左掌中指指肚，仰視上空，左掌緊追視線自然抬起，至高與頭平（10式圖66）。隨即上體自動轉向正前方，兩掌高舉過頭頂，掌心朝外，眼神仰視上空（10式圖67）。

4. 兩肘下垂

由上式，鬆腳腕意在解谿穴，鬆膝蓋意在伏兔穴，鬆胯意在環跳穴，鬆腰意在命門穴，鬆肩意在肩井穴，沉肘意在曲池穴。下蹲，兩掌心轉向內，重心在左足，目視前方，意在兩掌大指指尖。（10式圖68）

身心感覺

「俯身按掌」時會感覺兩腿膕窩肌腱伸得發酸發疼，兩掌掌心發熱；「向左扭轉」時會感覺兩肋舒張，掌心蠕動，左腿膕窩發脹、發酸；「左掌上掤」時會感覺兩肋部

特別舒暢，兩掌食指指尖發脹發熱；「兩肘下垂」時會感覺全身輕鬆舒適，兩掌掌心發熱，指尖發脹。

健身功效

此式俯身轉腰，可滋陰補腎，健利腰腿，防治腰腿疼。

技擊意義

接上動，當我以右掌上托對方下頜沒有托著，落了空，上體便須微向前俯身，同時以右掌心從上向前、向下撲按對方之面部。

對方如從我身之左側以右掌擊我面部或摟我脖頸時，我則向左扭轉身軀，同時以右掌由對方之右臂下面抄起使右腕粘其腕部，不可脫離。接上動，我之左肘與對方之右肘上下相貼時，隨即左臂內旋使掌心轉向後方，同時右手粘住對方右手腕，手掌隨轉隨向上伸，右肘同時下沉，使掌心轉向後方；與此同時，曲膝略蹲。這時，對方會因右肘被我滾肘下壓而匍匐在地。

相關穴位

•少商

【位置】手大指內側，距離指甲角後一分處。

【所屬經脈】手少陰心經。

【功能】止咳潤肺。

【防治】咳嗽、氣喘、咽喉腫痛、鼻衄、發熱、呼吸困難、窒息、中風昏迷、中暑嘔吐、癲狂。

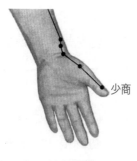

少商

・解谿

【位置】足背與小腿交界處之橫紋正中。

【所屬經脈】足陽明胃經。

【功能】通經活絡，引上焦鬱熱下行。

【防治】頭疼、眩暈、目赤、眉棱骨痛、心煩、癲狂、腹脹、便秘、下肢痿痹、轉筋。

餘見前。

第10式　收式（4動）

命名釋義

此為套路終了之勢，使運動狀態恢復到起式時的狀態，故得名。

動作

1. 三指環接

由上式，兩掌內旋，掌心斜向下，食指相接看食指，中指相接看中指，大指相接看大指，隨即兩肘上抬兩掌心轉向下。（10式圖69）

2. 環指平移

由上式，兩掌向後平移至指環中心對準鼻子尖；然後慢慢抬起頭來。（10式圖70）

10式圖69　　10式圖70

10式圖71　　　　　　10式圖72　　　　　　10式圖73

3. 三環套月

由上式，兩掌指形不變，同時外旋使掌心轉向內，套在肚臍（即神闕穴）上，形成三環套月式。（10式圖71）

4. 太極還原

由上式，兩掌貼著腹部緩慢下滑，至中指達到兩小腹下角之氣衝穴處稍停（10式圖72）。再繼續下滑至兩大腿外側，待中指垂直於風市穴時，收式完成（10式圖73）。

身心感覺

「三指環接」「環指平移」時會感覺腹心鬆靜；「三環套月」時會感到內氣蕩漾；「太極還原」時會感到全身舒暢。

健身功效

此式可收納天、地、人三才的清精之氣，通達全身，收於丹田，對養生長壽、防病治病極有益處。

技擊意義

設對方雙掌向我撲來，我則雙手俯掌向前以指尖穿擊對方雙目，使對方後仰；隨即雙腿曲膝下坐，兩掌同時沿對方大臂上側向腹前将按其雙腕向腹前移動，目視兩腳前下方，即可使對方前傾，有效化解對方之來力。

相關穴位

• 神闕

【位置】肚臍正中。

【所屬經脈】任脈。

【功能】調理脾胃。

【防治】腸鳴腹痛、痢疾腸炎、脫肛、水腫虛脫。

• 氣衝

【位置】在腹股溝稍上方，肚臍正中下5寸，旁開2寸。

【所屬經脈】足陽明胃經。

【功能】升清降濁，調理脾胃，固本壯陽。

【防治】小腹痛、睪丸痛、腹股溝痛、疝氣、偏墜、呃逆不止。

傳統吳式簡化太極拳18式

18 式名目

預備式（1動）

第1式　起式（5動）

　　左足橫移

　　兩足平立

　　兩腕前掤

　　兩掌下採

　　蹲身下按

第2式　攬雀尾（8動）

　　左抱七星

　　右掌打擠

　　右抱七星

　　左掌打擠

　　右掌回捋

　　右掌前掤

　　右掌後掤

　　右掌前按

第3式　摟膝拗步（2動）

　　右提左按

　　右掌前按

第4式　手揮琵琶（4動）

　　右掌回捋

　　左掌前掤

　　左掌平按

　　左掌上掤

第5式　野馬分鬃（6動）

　　左掌回捋

　　左足前邁

　　左肩左靠

　　右掌回捋

　　右足前邁

　　右肩右靠

第6式　玉女穿梭（26動）

　　右掌翻轉

　　左足前邁

　　左掌斜掤

　　左掌反採

　　右掌前按

　　左掌右轉

　　左掌回捋

　　左按右撤

　　右掌斜掤

　　右掌反採

兩拳俱發（右）

兩拳右擺

左足前邁

兩掌左擺

兩拳上提

兩拳俱發（左）

第15式　卸步搬攔捶(7動)

右坐左掩

左撤右搬

左坐右掩

右撤左搬

左掌回捋

左掌右攔

右拳平衝

第16式　如封似閉(2動)

兩掌分擱

兩掌平按

第17式　抱虎歸山(3動)

兩掌下按

兩掌橫分

兩掌翻轉

第18式　十字手、收式（9動）

十字手

兩掌上掤

兩臂上舉

兩掌交叉

兩肘沉採

收式（合太極）

兩肘平分

合太極（三指環接）

環指平移

三環套月

太極還原

18式講解

動作圖解

　　這一套路是為有一定太極拳基礎，但沒有練過吳式太極拳的人提供的。吳式太極拳有自己獨特的運動特點，較之習練其他太極拳會有一定的難度。為了使習練者盡快掌握吳式太極拳的運動規律，盡早學會、學好吳式太極拳，

我創編了這一套路。

　　此套路是完全按照王培生先生傳授的傳統吳式太極拳
37式套路動作的前後順序經截取組合而成的。包括從起式
到第7式的肘底看捶，共7個式子；然後再從第28式雲手
的最後一個動作「左掌平按」（單鞭）到收式，共11個動
作，前後加起來共18式。

　　這樣截取組合的主要目的，是為了有利於吳式太極拳
37式這一經典套路的推廣普及。因為初學者要一下子把37
式學會，確實有很大難度。我截取組合的這18個式子，既
不破壞37式原來的順序，又都是37式子中難度較小的式
子，便於初學者先易後難地學習掌握，為系統學練吳式太
極拳37式打下基礎。這18個式子練會了，就基本掌握了
吳式太極拳37式的運動規律，再接著學習中間的19個難
度較大的式子，就比較容易了。

預備式（1動）

　　兩足併立，兩掌自然下垂，舌抵上齶，
喉頭找大椎，目平視前遠方；同時想像周
身骨節斷開，肌肉放鬆，著意丹田（18式
圖1）。身體感覺像是站在行進的船上，有
搖晃之感，說明已進入太極境界。

第1式　起式（5動）

1.左足橫移

由上式，左膝鬆力、微曲，重心隨之右

18式圖1

18式圖2

18式圖3

移。鼻子尖與右足大趾尖上下垂直，尾骶骨與右足跟上下垂直，重心完全垂直於右腿。意想右側沉肩墜肘，鬆腰鬆胯，目向前遠方巡視，左足有虛起之感。隨即想一下右膝後面的委中穴，右手小指向右踝骨外側10公分處以意指地——左足會自動向左橫移，在右掌小指控制下，左足大趾輕輕著地。（18式圖2）

2. 兩足平立

上動不停，意想右掌無名指指地，左足二趾著地；意想右手中指指地，左足中趾著地；意想右手食指指地，左足四趾著地；意想右手大指指地，左足小趾著地；意想右手四指根落地，左足掌著地；意想右手心落地，左足心著地；意想右掌跟落地，左足跟著地；左足從大趾開始在右手的控制下按要求依次落地後，會自動出一口很痛快的氣，橫膈膜感到非常鬆舒。（18式圖3）

18式圖4　　　　　18式圖5　　　　　18式圖6

3.兩腕前掤

由上式，意想兩腎間的命門穴，兩掌自會向前移動；隨即再意想兩腳下的湧泉穴，兩腳十趾會有抓地之感，兩手十指也會有回收之意；順勢再意想一下兩掌腕中間的大陵穴，十指自會撮攏回夠；隨即意想兩腋下之極泉穴，兩大臂自會有上抬之感；隨即意想兩肘內側的少海穴，兩小臂自會上抬。待兩腕上抬至高於肩低於耳時，胸中會有空暢感和饑餓感。（18式圖4）

4.兩掌下採

由上式，先想一下兩掌心的內勞宮穴，十指自然舒展，兩掌會有如在水中按球之感（18式圖5）。隨即再意想兩手背上之外勞宮穴，兩掌似有重物下墜，自然向下降落（18式圖6）。待兩掌降至與肚臍相平，身體有前傾之感時，意想兩肘前上方的曲池穴，兩掌自會平收於腹前兩膝上方，有如同浮在水面上或扶在沙發扶手上，感覺小腹

18式圖7　　　　　　18式圖8　　　　　　18式圖9

沉實（18式圖7）。

5.蹲身下按

由上式，待兩掌降至兩膝上方時，上體有欲向後仰之感時，意想兩肩上方的肩井穴，兩腿自會曲膝坐胯；待兩掌隨曲膝坐胯降至兩大腿外側，兩掌大指對準風市穴（即直立時兩臂自然下垂，兩手中指所對的位置）時，起式完成。（18式圖8）

第2式　攬雀尾（8動）

1.左抱七星

由上式，上體右移，重心完全垂直到右腿時，沉右肩、墜右肘，左掌沉肘沿下弧線自動向右足前上方推移至大指與鼻子尖前後對照（18式圖9）；隨即臂外旋，左掌心轉向內，手心斜向上，大指肚對正鼻子尖（18式圖10）；隨即右手上抬置於左肘內側（18式圖11）；左足向

18式圖10

18式圖11

18式圖12

前邁出一步，足跟著地，足尖翹起，目視左掌食指方向（18式圖12）。

2.右掌打擠

由上式，重心左移，左膝前弓，右腿後伸成左弓步，同時左臂內旋掌心轉向內，平橫於胸前；右

18式圖13

18式圖14

掌同時從左臂彎平移至左手脈門處，掌心貼脈門，掌指上豎。（18式圖13）

3.右抱七星

由上式，重心不變，目視右前遠方，同時旋腰坐胯上體右轉，左足尖內扣（18式圖14）。左掌食指追眼神，右

18式圖15

18式圖16

18式圖17

18式圖18

手順勢沿左手大指斜面前伸，亦追眼神（18式圖15）。隨即右臂外旋，手心斜向上，左掌回移至右臂彎處（18式圖16）。隨即沉左肩，墜左肘，右足前邁，將足跟前移至原足尖處，右足尖上翹（18式圖17）。

4. 左掌打擠

由上式，重心右移，右膝前弓，左腿後伸成右弓步。同時右臂內旋食指對左眉梢，掌心轉向內，平橫於胸前；左掌同時從右臂彎平移至右手脈門處，掌心貼脈門，掌指上豎，目平視前遠方。（18式圖18）

5. 右掌回捋

由上式，重心不變，右掌內旋前伸，手心向下，左手

18式圖19

18式圖20

18式圖21正

18式圖21背

心順勢翻轉向上，置於右手脈門處（18式圖19）；隨即右足蹬力，左腿曲膝後坐，右掌回捋至右胯旁（18式圖20）；隨即鬆腰坐胯，繼續右轉，右足尖上翹，上體再向右轉至極限，左手四個手指肚輕托於右手脈門處，眼神隨視右肘方向，復再看左前方（18式圖21正、背）。

18式圖22　　　　　18式圖23　　　　　18式圖24

6. 右掌前掤

由上式，重心不變，左手內旋以意帶動右手外旋，掌心轉向上，左手心向下扶於右手脈門處（18式圖22）；隨即左手拉著右手隨著上體順勢左轉，移至左胯前，右足落平，目視左手背（18式圖23）；隨即目視右前方，重心右移，成右弓步，同時右手前伸追眼神，左掌相隨，兩掌朝向和上下位置不變（18式圖24）。

7. 右掌後掤

由上式，兩掌姿勢不變，重心後移，左腿曲膝下坐，右足尖翹起；上體隨之右轉，兩掌隨著轉至右手大指和食指與右小眼角成一條直線，目視右後方。（18式圖25正、背）

8. 右掌前按

由上式，重心不變，上體左轉，右足尖內扣，足尖朝前，平落地面（18式圖26）；隨即重心右移，曲膝坐胯重心完全移於右腿，右手大指從右嘴角劃向左嘴角（18式圖

18式圖25正

18式圖25背

18式圖26

18式圖27

18式圖28

18式圖29

27）；隨即背向後倚，右掌再向左前方前按出，左掌相隨姿勢不變，掌指扶於右掌脈門處（18式圖28）；上動不停，再向右平移至右前方，左手姿勢不變仍輕扶於右手脈門處，目視右手食指（18式圖29）。

18式圖30　　　　　18式圖31　　　　　18式圖32

第3式　摟膝拗步（2動）

1. 右提左按

由上式，重心不變，沉右肩，墜右肘，右掌、左手姿勢均不變，同時下降（18式圖30）；隨即右手鬆腕上提至右肩前，上體左轉，左胯左膝回收，左手隨之內旋向左膝外側下按，目視左掌中指（18式圖31）。

2. 右掌前按

由上式，重心不變，左足向左掌心下方橫移，足跟著地，足尖上翹，目視方向不變（18式圖32）；隨即豎腰立頂，目視前遠方（18式圖33）；隨即重心前移成左弓步，右掌以無名指引導，由右肩上方，經過口，向右足前上方平穿（18式圖34）；隨即左掌沉肩墜肘以意扒地，右手在左掌的催動下，螺旋向左足前上方橫按，虎口朝上，目平視遠前方（18式圖35）。

18式圖33	18式圖34	18式圖35

第4式　手揮琵琶（4動）

1. 右掌回捋

由上式，前腳蹬力，重心後移，右腿曲膝下坐，右手沉肩墜肘，順勢沿左腿方向螺旋向胸腹前移動，掌根下沉，掌心向內，左足尖翹起，左掌置於左胯左後方。目平視前方。（18式圖36）

18式圖36

2. 左掌前掤

由上式，重心不變，身體微向右轉，右掌臂內旋掌心向下，左掌同時外旋手心斜向上，於右肘、掌下方，向前上方穿伸，右掌同時與之相搓，後撤至左肘內側。（18式圖37）

| 18式圖37 | 18式圖38 | 18式圖39 |

18式圖40

3. 左掌平按

由上式，重心前移，成左弓步，同時左臂內旋平橫於胸前，掌心向下，右掌同時外旋掌心向上扶托於左肘下方。目平視遠前方。（18式圖38）

4. 左掌上掤

由上式，重心不變，左掌向左前方伸展（18式圖39）；隨即外旋，使掌心向上，沉肩、墜肘、鬆胯，有上托之意，目視左前上方；隨即重心不變，左掌繼續上托，帶動右足向左足靠攏，左腿直立，右掌向後沉肩墜肘，移於右肋下，重心仍在左腿，目視左掌方向（18式圖40）。

18式圖41

18式圖42

18式圖43

第5式　野馬分鬃（6動）

1. 左掌回捋

由上式，重心回到右腿，右腿曲膝下蹲，右掌上托外推於左耳旁，左手隨右手上托同時下降至左胯前。目視左前方。（18式圖41）

2. 左足前邁

由上式，重心和姿勢均不變，左足向左前方邁進一步，足跟著地，足尖翹起，目視左足（18式圖42）。隨即豎腰立頂，目視左前方（18式圖43）。

3. 左肩左靠

由上式，重心前移成左弓步，左手向左前上方外旋伸舉至左手大指與左側太陽穴平行，同時右手前移與左手脈門相貼（18式圖44）；隨即回頭向右足外側遠方看，右手隨之向眼神一致的斜下方向移動，兩掌前後分展但要相互牽拉助

18式圖44　　　　　18式圖45　　　　　18式圖46

18式圖47

力，意在左肩，左胯向左腿上鬆坐，擰頸回頭目視右掌方向，右掌心與右踝骨上下相合（18式圖45）。

4. 右掌回捋

由上式，重心和姿勢均不變，上體左轉，右掌隨轉腰之勢降落，經右膝外側、左膝內側，向左膝外側垂伸；左掌亦隨之移至右耳外側，成左弓步。目視左膝外側。（18式圖46）

5. 右足前邁

由上式，重心和姿勢均不變，沉左肩墜左肘，上體微向右轉；隨即右足經左足內側前邁，目視右足（18式圖47、圖48）；隨即豎腰立頂，目視右前方（18式圖49）。

6. 右肩右靠

由上式，重心前移成右弓步，右手向右前上方外旋伸

18式圖48　　　　18式圖49　　　　18式圖50

舉至右手大指與右側太陽穴平
行時，同時左手前移與右手脈
門相貼（18式圖50）；隨即
回頭向左足外側遠方看，左手
隨之向眼神一致的斜下方向移
動，兩掌前後分展但要相互牽
拉助力，意在右肩，右胯向右
腿上鬆坐，擰頸回頭目視左掌
方向（18式圖51）。

18式圖51

第6式　玉女穿梭（26動）

1. 右掌翻轉

　　由上式，重心不變，上體右轉，右手隨之內旋掌心向
下，左掌亦隨之外旋掌心轉向內，經左膝、右膝移至於右
肘下方，狀如抱球。眼看右肘外一尺二處。（18式圖52）

18式圖52

18式圖53

18式圖54

18式圖55

2. 左足前邁

由上式，重心不變，沉右肩墜右肘鬆右胯，左足經右足內側向前邁出，足跟著地，足尖翹起，兩掌姿勢不變。目視左足方向。（18式圖53、圖54）

3. 左掌斜掤

由上式，抬頭看左前方，重心前移成左弓步，同時左掌外旋向左前方伸移，掌心向上，右手亦隨之向前移至左手脈門處，掌心向下。目視方向不變。（18式圖55）

4. 左掌反採

由上式，重心後移，右腿曲膝坐胯，成右坐步式，左足尖翹起，同時左手上舉。（18式圖56）

18式圖56　　　　　　18式圖57　　　　　　18式圖58

5. 右掌前按

由上式，左手內旋橫置於頭頂上方，掌心斜向上。上體微右轉，右手平移至膻中穴，復再橫移至左腋下（18式圖57、圖58）。隨即重心前移成左弓步，左掌位置、姿勢均不變，右掌隨之從左腋下經左肘向正前方環推，目視正前遠方（18式圖59）。

18式圖59

6. 左掌右轉

由上式，重心不變，右足跟內收，左足尖內扣（18式圖60）；隨即上體極力向右後轉至極限，右手外旋掌心向上，置於左腋下，左掌之食指追找右耳垂後面的翳風穴，

18式圖60

18式圖61正

18式圖61背

18式圖62

掌心向外，兩掌上下如雙龍反向繞身盤旋，重心始終在左腿。目視右後方。（18式圖61正、背）

7. 左掌回捋

由上式，重心和右掌姿勢均不變，左掌按原路線向左後方回伸，目視方向不變。（18式圖62）

8. 左按右撤

由上式，重心不變，左掌微下按，轉頭回看左後遠方，左掌追眼神（18式圖63）；隨即看左掌，兩掌下按，右足後撤，成左弓步（18式圖64）。

9. 右掌斜掤

由上式，重心右移，成右弓步，上體隨之右轉，右掌同時隨臂外旋向右前上方伸展移動，掌心向上；左手隨

18式圖63

18式圖64

18式圖65

18式圖66

動，手心向下，置於右腕脈門處。目平視右掌前上方。
（18式圖65）

10. 右掌反採

由上式，重心後移，左腿曲膝坐胯，成左坐步式，右足尖翹起，同時右手上舉。（18式圖66）

18式圖67　　　　18式圖68　　　　　　18式圖69

11. 左掌前按

由上式，右手隨即內旋橫置於頭頂上方，掌心斜向上，上體微左轉，左手隨移至膻中穴，復再橫移至右腋下（18式圖67、圖68）。隨即重心前移成右弓步，右掌位置、姿勢均不變，左掌隨之從右腋下經右肘向正前方環推，目視正前遠方（18式圖69）。

12. 兩掌內合

由上式，重心後移，左腿曲膝坐胯，成左坐步式，右足尖上翹，右臂外旋，右肘內側與左手掌指相貼（18式圖70）；隨即右足左移，兩膝內側相貼，目平視左前方（18式圖71）。

13. 右掌下採

由上式，重心不變，鬆左胯重心繼續下移，左手向上，手背貼於右耳側，右手同時向下垂於左膝前外側，上體立直。目朝右肩方向平視。（18式圖72）

18式圖70　　　　　　　　　　18式圖71

18式圖72　　　18式圖73　　　　　　18式圖74

14. 右足橫移

由上式，重心、兩掌姿勢均不變，右足向右橫移至與肩同寬。（18式圖73）

15. 右肩右靠

由上式，重心前移成右弓步，右手向右前上方外旋伸舉至右手大指與右側太陽穴平行（18式圖74）：隨即回頭

18式圖75　　　　　　　　　　18式圖76

向左足外側遠方看，左手隨之向眼神一致的斜下方向移動，兩掌前後分展但要相互牽拉助力，意在右肩，右胯向右腿上鬆坐，擰頸回頭目視左掌方向（18式圖75）。

16. 右掌翻轉

由上式，重心不變，上體右轉，右手隨之內旋掌心向下，左掌亦隨之外旋掌心轉向內，經左膝、右膝移至右肘下方，狀如抱球。眼看右肘外一尺二處。（18式圖76、18式圖77正、背）

17. 左足前邁

由上式，重心不變，沉右肩墜右肘鬆右胯，左足經右足內側向前邁出，足跟著地，足尖翹起，兩掌姿勢不變。目視左足方向。（18式圖78、圖79）

18. 左掌前掤

由上式，目視左前方，隨即重心前移成左弓步，同時左掌外旋向左前方伸移，掌心向上，右手亦隨之向前移至左手脈門處，掌心向下。（18式圖80）

18式圖77正　　　　18式圖77背　　　　18式圖78

18式圖79　　　　18式圖80　　　　18式圖81

19. 左掌反採

由上式，重心後移，右腿曲膝坐胯，成右坐步式，左足尖翹起，同時左手上舉。（18式圖81）

20. 右掌前按

由上式，左手隨即內旋橫置於頭頂上方，掌心斜向

18式圖82

18式圖83

18式圖84

上，上體微右轉，右手隨平移至膻中穴，復再橫移至左腋下（18式圖82、圖83）；隨即重心前移成左弓步，左掌位置、姿勢均不變，右掌隨之從左腋下經左肘向正前方環推，目視正前遠方（18式圖84）。

21. 左掌右轉

由上式，重心不變，右足跟內收，左足尖內扣（18式圖85正、背）；上體同時隨之極力向右轉至極限，右手外旋掌心向上，置於左腋下，左掌之食指追找右耳垂後面的翳風穴，掌心向外。兩掌上下如雙龍反向繞身盤旋，重心始終在左腿。目視右後方。（18式圖86）

22. 左掌回捋

由上式，重心與右掌姿勢不變，左掌按原路線向左後方回伸。目視方向不變。（18式圖87）

18式圖85正　　18式圖85背　　18式圖86

18式圖87　　18式圖88　　18式圖89

23. 左按右撤

　　由上式，重心不變，左掌微下按，轉頭回看左後遠方，左掌追眼神（18式圖88）；隨即看左掌，兩掌下按，右足後撤，成左弓步（18式圖89）。

24. 右掌斜掤

　　由上式，重心右移，成右弓步。上體隨之右轉，右掌

同時臂外旋亦隨之向右前上方伸展移動，掌心向上。左手隨動，手心向下，置於右腕脈門處。目平視右掌前上方。（18式圖90）

25. 右掌反採

由上式，重心後移，左腿曲膝坐胯，成左坐步式，右足尖翹起；同時右手上舉，隨即內旋橫置於頭頂前上方，掌心斜向上。目視右上方。（18式圖91）

18式圖90

26. 左掌前按

由上式，上體微左轉，左手隨移至膻中穴，復再橫移至右腋下（18式圖92、圖93）；隨即重心前移成右弓步，右掌位置、姿勢均不變，左掌隨之從右腋下經右肘向正前方環推，目視正前遠方（18式圖94）。

18式圖91

18式圖92

18式圖93

18式圖94   18式圖95

第7式 肘底看捶（3動）

1. 兩掌前伸

由上式，重心不變，兩掌同時向斜上方伸夠，同時左足向前邁步，足跟著地，足尖翹起。目平視前遠方。（18式圖95）

2. 左弓下按

由上式，重心前移，左膝前弓，成左弓步，兩掌順勢向後捋。捋至左手與尾　骨平行，右手到左膝外側，小腹落在左大腿根上。目平視前遠方。（18式圖96正、背）

3. 左拳上提

由上式，重心後移，右腿曲膝坐胯，成右坐步式，左足尖上翹（18式圖97）；左掌於身後握拳上提至胸前，拳心向後（18式圖98）；隨即右移，左拳中指與鼻尖前後相對，右手握拳虎口貼於左肘下，目視左前上方(18式圖99)。

18式圖96正

18式圖96背

18式圖97

18式圖98

18式圖99

第8式　正單鞭（2動）

1. 變勾開步

由上式，左足內扣，上體右轉，右拳變掌隨轉體外旋移至右前上方，掌心向上（18式圖100）；隨即內旋手腕上提變勾，虎口與右側太陽穴相平，左手心向內，中指輕抵脈門，沉右肩墜右肘鬆右胯，左足向左微移，目視右手

18式圖100

18式圖101

18式圖102

18式圖103

（18式圖101）。

2.左掌平按

由上式，重心移於左腿，左掌心向內立掌，從右肩前向左平移至左肩前上方時內旋，掌心向外，掌跟著力，掌指上豎，兩腿成左弓步式（18式圖102）；隨即重心右移，成馬步式，兩掌姿勢不變，但意念在右腿（18式圖103）。

18式圖104

18式圖105

18式圖106

第9式　下勢（5動）

1. 兩臂分展

由上式，重心右移成右弓步，左右兩臂順勢向兩側平展，兩掌手心向下。目視右掌方向。（18式圖104）

2. 右掌前掤

由上式，重心左移成左弓步，右掌順勢前移與左掌相平，兩掌心相對，隨即兩腕上提，兩掌心轉向下。目平視前遠方。（18式圖105）

3. 兩掌回捋

由上式，重心後移，右腿曲膝坐胯，兩掌同時回摟至胸前。目平視前遠方。（18式圖106）

18式圖107

18式圖108

4. 右肘平頂

由上式，上體右轉，右腿曲膝下坐，左腿向左後仆伸。右臂曲肘（手心找右肩井）右頂，左臂向左後方平展，掌心向下。目視右肘方向。（18式圖107）

5. 兩掌下按

由上式，兩掌同時由左向右平

18式圖109

移至右前方，隨即上體微左轉，右胯下坐，左腿仆伸，兩掌如鷹捕兔，盤旋下按至兩膝前下方（18式圖108）；隨即上身直立，目平視前遠方（18式圖109）。

第10式　上步七星（2動）

1. 右掌下插

由上式，左腿前弓成左弓步，同時右掌外旋，掌心向

18式圖110

18式圖111

上從左掌下方向左膝前斜下方穿插。目視右掌方向。（18式圖110）

2.兩掌交叉

由上式，左掌向上移至右肩前，隨即右足、右手同時前移，右足跟著地，足尖翹起，右掌置於左掌下方，兩手腕交叉置於胸前。目平視前遠方。（18式圖111）

第11式 退步跨虎（5動）

1. 撤步按掌：由上式，兩掌左右平分下按，同時右足後撤成左弓步，兩掌置於左膝前略高於膝。隨即重心後移，右腿曲膝坐胯，兩掌下按。目視前下方。（18式圖112、圖113）

2.兩掌回捋

由上式，兩掌內合，上體右轉，兩掌隨之移到右膝外側，掌指向下。目視右下方。（18式圖114、圖115）

18式圖112　　　　　　　　　　18式圖113

18式圖114　　　　　18式圖115　　　　　18式圖116

3. 兩掌合下

由上式，兩下肢姿勢不變，兩掌姿勢亦不變，同時移至左足外上方。目視左下方。（18式圖116）

4. 右提左勾

由上式，重心不變，上體右轉，右掌鬆腕上提至右耳

18式圖117   18式圖118

前，左手撮指後勾。目視左手方向。（18式圖117）

5. 前掌後勾

由上式，重心不變，上體立身右轉。隨即右掌向前伸，沉肩墜肘，四指直伸，大指上豎；左勾手不變，盡量上舉至左肩關節到極限，目視右掌方向。隨即左轉身，左腿鬆腰坐胯，左足收至右足前，足尖著地，目平視左前遠方。（18式圖118）

第12式　回身撲面掌（3動）

1. 右掌右伸

由上式，下體和左掌姿勢不變，上體右轉，右掌隨之向右前方平伸，掌心向下。目視右掌方向。（18式圖119）

2. 蓄勢待發

由上式，下體姿勢不變，鬆腰鬆胯右手回收掌心向

18式圖119

18式圖120

上，意想摸左小腹，左手同時回收至左肩上方，掌心向下。目平視前遠方。（18式圖120）

3. 左掌前按

由上式，左腿提膝上步，隨即前弓成左弓步，同時左手臂內旋，向前拍按，右掌心向上置於左腋下。目視左掌方向。（18式圖121）

18式圖121

第13式　轉身擺蓮（4動）

1. 左掌右轉

由上式，重心不變，扣左足，上體向右後擰轉，左手隨之回收至右肩外側。目視右後方。（18式圖122）

18式圖122　　　　18式圖123　　　　　18式圖124

18式圖125

2. 兩掌沉採

由上式，重心不變，右手上舉至頭前上方，隨即內旋向右後方劈按，左腿曲膝坐胯。目視右後方。（18式圖123）

3. 右足右擺

由上式，重心和兩掌姿勢不變，右腿曲膝上提，目視左前上方（18式圖124）；隨即旋腰轉胯使右足向上，由左前方向右前上方弧形擺動，同時兩掌由右上方經右胯右膝與右足背於空中相擊（18式圖125）。

4. 左擺右落

由上式，重心不變，右足向右前方落地，左右兩掌同時向左後方擺動，左腿曲膝下坐。目視左後方。（18式圖126）

18式圖126　　　　　18式圖127　　　　18式圖128

第14式　彎弓射虎（8動）

1. 兩掌右擺

由上式，重心右移成右弓步，兩掌隨之向右後方擺動至左掌垂於右膝外側，右掌垂與尾骶骨平行處。目視右後方。（18式圖127）

2. 兩拳上提

由上式，重心不變，兩手握拳上提至與肩平，拳面向上，兩拳眼相對，與肩同寬。目視右拳的食指根節。（18式圖128）

3. 兩拳俱發（右）

由上式，重心不變，擰腰坐胯，兩拳前伸，拳面朝前，拳眼相對。目視前遠方。（18式圖129）

4. 兩拳右擺

由上式，重心不變，上體右轉，兩拳同時向右後擺動

18式圖129

18式圖130

18式圖131

18式圖132

至與肩平。目視右後方向。（18式圖130）

5. 左足前邁

由上式，重心不變，左足向右足靠攏，兩拳姿勢不變，目視左前方（18式圖131）；隨即向左前方邁出，足跟著地，足尖翹起，左右兩拳同時變掌，位置不變，目視方向不變（18式圖132）。

6. 兩掌左擺

由上式，重心前移，成左弓步，同時上體左轉（18式圖133）；兩掌亦隨之向左後方擺動至右掌垂於左膝外側，左掌垂於與尾骶骨平行處，目視左後方（18式圖134）。

7. 兩拳上提

由上式，重心不變，兩手握拳上提至與肩平，拳面向

18式圖133

18式圖134

18式圖135

18式圖136

上，兩拳眼相對，與肩同寬。目視左拳的食指根節。（18式圖135）

8. 兩拳俱發（左）

由上式，重心不變，擰腰坐胯，兩拳前伸，拳面朝前，拳眼相對。目視前遠方。（18式圖136）

第15式　卸步搬攔捶（7動）

1. 右坐左掩

由上式，重心右移，右腿曲膝坐
胯，成右坐步式，左足尖翹起。兩拳不
變，左肘外旋找右膝，右拳置於左肘內
側，左拳心向上，右拳心向下。目視左
前上方。（18式圖137）

18式圖137

2. 左撤右搬

由上式，上體左轉，左拳撤肘後收，右腕擦著左小臂
內側向右前方舒伸變掌，同時左足後收至右足內側（18式
圖138）；隨即左足再繼續後撤，成右弓步。右掌意念向
前遠方伸展，目視右前方（18式圖139）。

3. 左坐右掩

由上式，重心左移，左腿曲膝坐胯，成左坐步式，右

18式圖138

18式圖139

18式圖140　　　　　18式圖141　　　　　18式圖142

足尖翹起；同時右臂外旋右肘找左膝，掌心向上，左掌扶於右臂彎處。目視右前上方。（18式圖140）

4. 右撤左搬

由上式，下體姿勢不變，上體右轉，右足經過左足內側向右後方撤一大步，同時右肘後撤，左掌沿右小臂內側經掌心向左前方伸展，掌心向下，右手置於左肘內側。目平視左前方。（18式圖141、圖142）

5. 左掌回捋

由上式，右腿曲膝坐胯，重心後移成右坐步式，左足尖翹起。同時上體左轉，左掌回捋至左肋下，右掌姿勢不變托於左臂下。目視正前方。（18式圖143正、背）

6. 左掌右攔

由上式，下體姿勢不變。上體右轉，右手握拳向右後回拉至右肋下，拳心向內，左掌同時前伸掌心向右前方，橫移至右膝上方微停。右腿鬆腰坐胯，右臂沉肩墜肘，同

| 18式圖143正 | 18式圖143背 | 18式圖144 |

| 18式圖145 | 18式圖146 |

時左掌內旋前伸，隨即上立。目平視前遠方。（18式圖144、圖145）

7. 右拳平衝

由上式，重心前移成左弓步，同時左掌立掌後移至胸前，右拳同時貼左掌心向前平衝。目平視前遠方。（18式圖146）

18式圖147

18式圖148

18式圖149

第16式　如封似閉（2動）

1.兩掌分攔

18式圖150

由上式，重心後移，右腿曲膝坐胯成右坐步式，左足尖翹起，同時左掌背移貼於右大臂外側，右拳姿勢不變（18式圖147）。隨即右肘立肘，臂外旋，以肘尖由右向左再向右，從左掌背繞行至左掌內側，沉肘貼於右脅前（18式圖148）。右拳變掌，掌心向內，左掌上移，兩掌交叉於胸前（18式圖149）。隨即兩掌向兩側平移，兩掌心向後置於兩耳旁（18式圖150）。

2.兩掌平按

由上式，重心前移成左弓步，兩掌內旋掌心朝前，同時向前推出，目視正前方。（18式圖151）

18式圖151

18式圖152

18式圖153

第17式　抱虎歸山（3動）

1. 兩掌下按

由上式，重心不變，兩掌同時向下平按於左膝前。（18式圖152）

2. 兩掌橫分

由上式，兩掌內旋，上體右轉，同時收右足跟，左掌心向後，右掌心向下，目視右下方（18式圖153）。隨即上體右轉，重心右移，成右弓步。右掌隨之向右橫撥，大指朝下，掌心反向外，兩臂成斜下分展式，意念在右手，目視右掌方向（18式圖154）。

3. 兩掌翻轉

由上式，重心、姿勢均不變，上身直立，兩掌同時外

18式圖154　　　　　　　18式圖155

翻，掌心朝天。目視右掌方向。（18式圖155）

第18式　十字手、收式（9動）

十字手（4動）

1. 兩掌上捌

由上式，重心不變，以右手為主導，兩臂向上平舉。目視前上方。（18式圖156）

2. 兩臂上舉

上動不停，兩臂上舉，兩腿隨之直立，兩足平立與肩同寬。目視前上方。（18式圖157）

3. 兩掌交叉

由上式，兩掌於頭頂上方十字交叉，左掌在外，右掌在內，

18式圖156

| 18式圖157 | 18式圖158 | 18式圖159 |

兩掌心均向內。（18式圖158）

4.兩肘沉採

由上式，姿勢不變，曲膝坐胯成馬步，沉肩墜肘，使交叉之兩掌隨降至胸前。（18式圖159）

收式（合太極）（5動）

1.兩肘平分

由上式，姿勢不變，重心右移，隨之兩手心找肩井穴，使立肘並自然向兩側分頂，意念在右肘。目視右肘方向。（18式圖160）

2.合太極（三指環接）

由上式，姿勢不變，鬆肩墜肘兩掌指約於胸前一尺處慢慢環接，同時左足向右足靠攏。環接之食指相接看食指，中指相接看中指，大指相接看大指。兩掌心斜向前。

18式圖160

18式圖161

18式圖162

（18式圖161）

3. 環指平移

上動不停，兩手環接不變，向後平移至胸前，至鼻尖對著大環中央時，想像鼻子上有一根線，線上繫著一個小棉花球，兩膝微微下蹲，棉花球隨著身體下降；在剛要接觸地面時，慢慢抬起頭來，棉花球亦隨之向上收提，以致化為烏有。（18式圖162）

18式圖163

4. 三環套月

由上式，姿勢不變，兩掌臂內旋，使兩手心貼於小腹，使肚臍置於大指、食指所接之大環中央（18式圖163）；隨即抬頭目視前方（18式圖164）。

5. 太極還原

由上式，兩肘內合貼於兩側肌膚，隨即兩掌向下滑

18式圖164　　　　　18式圖165　　　　　18式圖166

移，待中指到兩小腹下角處（氣衝穴）時，用意點按一下氣衝穴（18式圖165）；兩掌繼續向下滑移，待中指垂直於兩大腿外側風市穴時，用意再點按一下風市穴。待風市穴有熱感時，用意將其熱量收回丹田，慢慢地恢復到練拳初始的狀態。（18式圖166）

傳統吳式簡化太極拳28式

28 式名目

右足前邁

右肩右靠

第6式　左右玉女穿梭(10動)

左穿梭式

右掌翻轉

左足前邁

左掌斜掤

左掌反採

右掌前按

右穿梭式

左掌翻轉

右足前邁

右掌斜掤

右掌反採

左掌前按

第7式　肘底看捶(3動)

兩掌前伸

左弓下按

左拳上提

第8式　左右金雞獨立(13動)

左獨立式

左弓回顧

右掌前指

右掌上掤

左掌前指

左掌下指

右提遠眺

右獨立式

左屈右落

右弓回顧

左掌前指

左掌上掤

右掌前指

右掌下指

左提遠眺

第9式　左右倒攆猴(5動)

左倒攆猴

獨立反按

左撤左按

右倒攆猴

右提左按

左展右收

左弓右按

第10式　左右斜飛式(8動)

右斜飛式

左弓斜飛

右按左推

右足前邁

右肩打靠

左斜飛式

　　右弓斜飛

　　左按右推

　　左足前邁

　　左肩打靠

第11式　左右分腳（12動）

　　右分腳

　　　左弓左抱

　　　右臂圈挽

　　　兩掌交叉

　　　兩臂高舉

　　　右膝上提

　　　展臂右分

　　左分腳

　　　右弓左抱

　　　左臂圈挽

　　　兩掌交叉

　　　兩臂高舉

　　　左膝上提

　　　展臂左分

第12式　雙峰貫耳（3動）

　　左落右弓

　　坐步後掖

　　兩拳相對

第13式　披身蹬腳（4動）

　　右掰撐拳

　　歇步交叉

　　兩臂高舉

　　展臂左蹬

第14式　回身蹬腳（5動）

　　拗步展臂

　　蹲身回望

　　上體左轉

　　右膝上提

　　回身右蹬

第15式　撲面掌（4動）

　　落步左蓋

　　右弓穿按

　　左進右按

　　左弓穿按

第16式　十字腿（5動）

　　左扣右轉

　　左掌繼轉

　　右膝上提

　　右腳右擺

　　左擺右落

第17式　裏外雲手（7動）

　　裏雲手

　　　左裏雲手

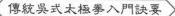

第26式　如封似閉（2動）

　　兩掌分攔

　　兩掌平按

第27式　抱虎歸山（3動）

　　兩掌下按

　　兩掌橫分

　　兩掌翻轉

第28式　十字手、收式（9動）

　　十字手

　　兩掌上掤

　　　　兩掌上舉

　　　　兩掌交叉

　　　　兩肘沉採

　　收式（合太極）

　　　　兩肘平分

　　　　三指環接

　　　　環指平移

　　　　三環套月

　　　　太極還原

動作圖解

28式講解

　　傳統吳式簡化太極拳28式，是根據當今流行的太極拳比賽或表演的時間要求，精選傳統吳式太極拳套路中具有代表性的經典動作重新組合而成的。這一套路，共28個式子（不含預備式），每式由若干動作組成，共160動。這個套路較之初學入門的18式難度增加了很多，其中，除增加了一些含有多種腿法的式子外，一些重點招式也由單側練習改為左右雙側練習，如手揮琵琶、斜飛式、雲手等。這樣一來，難度當然高了，但健身效果和練拳的趣味性也與前面的10式、18式大不相同。整個套路的表演可控制在5分鐘左右；如果需要再行壓縮時間，還可將部分動作的雙側練習改為單側練習，那就可以控制在三分鐘左右了。

預備式（1動）

兩足併立，兩掌自然下垂，舌抵上齶，喉頭找大椎，目平視前遠方，同時想像周身骨節斷開，肌肉放鬆，著意丹田。（28式圖1）

第1式　起式（5動）

1. **左足橫移**：由上式，左膝鬆力、微曲，重心隨之右移，鼻子尖與右足大趾尖上下垂直，尾骶骨與右足跟上下垂直，重心完全垂直於右腿後，意想右側沉肩墜肘，鬆腰鬆胯，目向前遠方巡視。此時，左足會有虛起之感。隨即想一下右膝後面的委中穴，右手小指向右踝骨外側10公分處以意指地。此時，左足會自動向左橫移，在右掌小指控制下，左足大趾輕輕著地。（28式圖2）

28式圖1

28式圖2

2. **兩足平立**：上動不停，意想右掌無名指指地，左足二趾著地；意想右手中指指地，左足中趾著地；意想右手食指指地，左足四趾著地；意想右手大指指地，左足小趾著地；意想右手四指根落地，左腳掌著地；意想右手心落地，左足心著地；意想右掌跟落地，左足跟著地。左足從大趾開始在右手的控制下按要求依次

| 28式圖3 | 28式圖4 | 28式圖5 |

落地後，會自動出一口很痛快的氣，橫膈膜感到非常鬆舒。（28式圖3）

3. 兩腕前掤：由上式，意想兩腎間的命門穴，兩掌自會向前移動；隨即再想兩腳下的湧泉穴，兩腳十趾會有抓地之感，兩手十指也會有回收之意；順勢再想一下兩掌腕中間的大陵穴，十指自會撮攏回夠；隨即意想兩腋下之極泉穴，兩大臂自會有上抬之感；隨想兩肘內側的少海穴，兩小臂自會上抬——待兩腕上抬至高於肩低於耳時，胸中會有空暢感和饑餓感。（28式圖4）

4. 兩掌下採：由上式，先想一下兩掌心的內勞宮穴，十指會自然舒展，兩掌則會有如在水中按球之感（28式圖5）。隨即再意想兩手背上之外勞宮穴，則兩掌似有重物下墜，自然向下降落（28式圖6）。待兩掌降至與肚臍相平，身體有前傾之感時，意想兩肘前上方的曲池穴，兩掌自會平收於腹前兩膝上方，有如同浮在水面上或扶在沙發

28式圖6

28式圖7

28式圖8

扶手上，感覺小腹沉實（28式圖7）。

5. **蹲身下按：**由上式，待兩掌降至兩膝上方時，上體有欲向後仰之感時，想兩肩上方的肩井穴，兩腿自會曲膝坐胯。待兩掌隨曲膝坐胯降至兩大腿外側，兩掌大指對準風市穴時，起式完成。（28式圖8）

第2式　攬雀尾（8動）

1. **左抱七星：**由上式，上體右移，待重心完全垂直於右腿時，沉右肩、墜右肘，左掌沉肘沿下弧線自動向右足前上方推移至大指與鼻子尖前後對照（28式圖9）。隨即臂外旋，左掌心轉向內，手心斜向上，大指肚對正鼻子尖（28式圖10）。隨即右手上抬置於左肘內側（28式圖11）。左足向前邁出

28式圖9

28式圖10　　　　　28式圖11　　　　　28式圖12

28式圖13

一步，足跟著地，足尖翹起，目視左掌食指（28式圖12）。

2. 右掌打擠：由上式，重心左移，左膝前弓，右腿後伸成左弓步；同時左臂內旋掌心轉向內，平橫於胸前，右掌同時從左臂彎平移至左手脈門處，掌心貼脈門，掌指上豎。（28式圖13）

3. 右抱七星：由上式，重心不變，目視右前遠方，同時旋腰坐胯上體右轉，左足尖內扣（28式圖14）。左掌食指追眼神，右手順勢沿左手大指斜面前伸，亦追眼神（28式圖15）。隨即右臂外旋，手心斜向上，左掌回移至右臂彎處（28式圖16）。隨即沉左肩，墜左肘，右足前邁，將足跟前移至原足尖處，右足尖上翹（28式圖17）。

4. 左掌打擠：由上式，重心右移，右膝前弓，左腿後

28式圖14

28式圖15

28式圖16

28式圖17

28式圖18

28式圖19

伸成右弓步。同時右臂內旋食指對左眉梢,掌心轉向內,平橫於胸前,左掌同時從右臂彎平移至右手脈門處,掌心貼脈門,掌指上豎。目平視前遠方。(28式圖18)

　　5.右掌回将:由上式,重心不變,右掌內旋前伸,手心向下,左手心順勢翻轉向上,置於右手脈門處(28式圖19)。隨即右足蹬力,左腿曲膝後坐,右掌回将至右胯旁

28式圖20　　　28式圖21正　　　　28式圖21背

28式圖22

（28式圖20）。隨即鬆腰坐胯，繼續右轉，右足尖上翹，上體再向右轉至極限，左手四個手指肚輕托於右手脈門處，眼神隨視右肘方向，復再看左前方（28式圖21正、背）。

6. 右掌前掤：由上式，重心不變，左手內旋以意帶動右手外旋，掌心轉向上，左手心向下扶於右手脈門處（28式圖22）。隨即左手拉著右手隨著上體順勢左轉，移至左胯前，右足落平，目視左手背（28式圖23）。隨即目視右前方，重心右移，成右弓步，同時右手前伸追眼神，左掌相隨，兩掌朝向和上下位置不變（28式圖24）。

7. 右掌後掤：由上式，兩掌姿勢不變，重心後移，左腿曲膝下坐，右足尖翹起；上體隨之右轉，兩掌隨著轉至

28式圖23

28式圖24

28式圖25正

28式圖25背

28式圖26

右手大指和食指與右小眼角成一條直線。目視右後方。
（28式圖25正、背）

8. **右掌前按**：由上式，重心不變，上體左轉，右足尖
內扣，足尖朝前，平落地面（28式圖26）。隨即重心右
移，曲膝坐胯重心完全移於右腿，右手大指從右嘴角畫向

28式圖27　　　　　28式圖28　　　　　28式圖29

左嘴角（28式圖27）。隨即背向後倚，右掌再向左前方前按出，左掌相隨姿勢不變，掌指扶於右掌脈門處（28式圖28）。上動不停，再向右平移至右前方，左手姿勢不變仍輕扶於右手脈門處，目視右手食指（28式圖29）。

第三式　左右摟膝拗步（4動）

左摟膝拗步（2動）

1. 右提左按：由上式，重心不變，沉右肩，墜右肘，右掌、左手姿勢均不變，同時下降（28式圖30）。隨即右手鬆腕上提至右肩前，上體左轉，左胯左膝回收，左手隨之內旋向左膝外側下按，目視左掌中指（28式圖31）。

2. 右掌前按：由上式，重心不變，左足向左掌心下方橫移，足跟著地，足尖上翹，目視方向不變（28式圖32）。隨即豎腰立頂，目視前遠方（28式圖33）。

隨即重心前移成左弓步，右掌以無名指引導，由右肩

28式圖30　　　　　28式圖31　　　　　28式圖32

28式圖33　　28式圖34　　　　28式圖35

上方經過口，向右足前上方平穿，掌心朝下（28式圖
34）。隨即左掌沉肩墜肘以意扒地，右手在左掌的催動
下，螺旋向左足前上方橫按，虎口朝上，目平視遠前方
（28式圖35）。

右摟膝拗步（2動）

1. **右掌下按：** 由上式，重心不變，上體左轉，左手鬆腕上提至左耳旁。眼神先看左手，隨即再看右前下方。右手同時下按。（28式圖36）

2. **左掌前按：** 由上式，重心不變，上體右轉，沉左肩墜左肘，右足經左足內側（28式圖37）向右前方邁出，足跟著地，足尖翹起，目視右掌（28式圖38）。隨即豎腰立頂，目視前遠方（28式圖39）。隨即重心前移成右弓步，左掌以無名指引導，由左肩上方經過口，向左足前上方平穿，掌心朝下（28式圖40）。隨即重心前移成右弓

28式圖36

28式圖37

28式圖38

28式圖39	28式圖40	28式圖41

步，意在伏兔穴，右掌沉肩墜肘以意扒地，催動左手向右足前上方橫按，虎口朝上，目平視遠前方（28式圖41）。

第4式　左右手揮琵琶（8動）

右琵琶式（4動）

1. 左掌回捋：由上式，前腳蹬力，重心後移，左腿曲膝下坐。左手沉肩墜肘，順勢沿右腿方向螺旋向胸腹前移動，掌根下沉，掌心向內。右足尖翹起，右掌置於右胯右後方。目平視前方。（28式圖42）

2. 右掌前掤：由上式，重心不變，身體微向左轉，左掌臂內旋掌心向下，右掌同時外旋手心斜向上，於左肘、掌下方向前上方穿伸，左掌同時與之相

28式圖42

 28式圖43　　　　28式圖44　　　　28式圖45

28式圖46

搓，後撤至右肘內側。（28式圖43）

3.**右掌平按**：由上式，重心前移，成右弓步。同時右臂內旋平衡於胸前，掌心向下，左掌同時外旋掌心向上扶托於右肘下方。目平視前遠方。（28式圖44）

4.**右掌上掤**：由上式，重心不變，右掌向右前方伸展，隨之外旋，使掌心向上，沉肩、墜肘、鬆胯，有上托之意。目視右前上方。（28式圖45）

重心不變，右掌隨即上托，帶動右腿直立，左足亦隨之向右足靠攏，左掌向後沉肩墜肘，移於左肋下。目視右掌方向。（28式圖46）

左琵琶式（4動）

1.**右掌回捋**：由上式，右腿曲膝下坐，右手內旋向後

28式圖47

28式圖48

28式圖49

沉採置於右胸前。（28式圖47）

2.**左掌前掤**：由上式，重心不變，身體微向右轉。右掌臂內旋掌心向下，左掌同時外旋手心斜向上，於右肘、掌下方，向前上方穿伸，右掌同時與之相搓撤至左肘內側。隨即左足前邁，足尖翹起。（28式圖48）

28式圖50

3.**左掌平按**：由上式，重心前移，成左弓步，同時左臂內旋平橫於胸前，掌心向下，右掌同時外旋掌心向上扶托於左肘下方。目平視前遠方。（28式圖49）

4.**左掌上掤**：由上式，重心不變，左掌向左前方伸展（28式圖50）；隨即外旋，使掌心向上，沉肩、墜肘、鬆胯，有上托之意，重心不變，左掌繼續上托，帶動右足向

28式圖51

左足靠攏，左腿直立，右掌向後沉肩墜肘，移於右肋下，重心仍在左腿，目視左掌方向（28式圖51）。

第5式　左右野馬分鬃（6動）

左分鬃式（3動）

1. **左掌回捋**：由上式，重心回到右腿，右腿曲膝下蹲，右掌上托外推於左耳旁，左手隨右手上托同時下降至左胯前。目視左前方。（28式圖52）

2. **左足前邁**：由上式，重心和姿勢均不變，左足向左前方邁進一步，足跟著地，足尖翹起，目視左足（28式圖53）；隨即豎腰立頂，目視左前方（28式圖54）。

3. **左肩左靠**：由上式，重心前移成左弓步，左手向左前上方外旋伸舉至左手大指與左側太陽穴平行時，同時右手前移與左手脈門相貼（28式圖55）。隨即回頭向右足外側遠方看，右手隨之向眼神一致的斜下方向移動，兩掌前

28式圖52　　　　　28式圖53　　　　　28式圖54

28式圖55　　　　　28式圖56

後分展但要相互牽拉助力，意在左肩，左胯向左腿上鬆坐，擰頸回頭目視右掌方向，右掌心與右踝骨上下相合（28式圖56）。

右分鬃式（3動）

1. 右掌回捋：由上式，重心和姿勢均不變，上體左

28式圖57

28式圖58

28式圖59

28式圖60

轉，右掌隨轉腰之勢降落，經右膝外側、左膝內側，向左膝外側垂伸；左掌亦隨之移至右耳外側，成左弓步。目視左膝外側。（28式圖57）

2. **右足前邁**：由上式，重心和姿勢均不變，沉左肩墜左肘，上體微向右轉；隨即右足經左足內側前邁，目視右足（28式圖58、圖59）。隨即豎腰立頂，目視右前方（28式圖60）。

3. **右肩右靠**：由上式，重心前移成右弓步，右手向右前上方外旋伸舉至右手大指與右側太陽穴平行時，同時左手前移與右手脈門相貼（28式圖61）。隨即回頭向左足外側遠方看，左手隨之向眼神一致的斜下方向移動，兩掌前後分展但要相互牽拉助力，意在右肩，右胯向右腿上鬆坐，撐頸回頭目視左掌方向（28式圖62）。

28式圖61　　　　　　　28式圖62

第6式　左右玉女穿梭（10動）

左穿梭式（5動）

1.**右掌翻轉**：由上式，重心不變，上體右轉，右手隨之內旋掌心向下，左掌亦隨之外旋掌心轉向內，經左膝、右膝移至於右肘外下方，狀如抱球，眼看右肘外一尺二處。（28式圖63）

2.**左足前邁**：由上式，重心不變，沉右肩墜右肘，鬆右胯。左足經右足內側向前邁出，足跟著地，足尖翹起，兩掌姿勢不變。目視左足方向。（28式圖64、圖65）

3.**左掌斜掤**：由上式，抬頭看左前方，重心前移成左弓步。同時

28式圖63

28式圖64

28式圖65

28式圖66

28式圖67

左掌外旋向左前方伸移，掌心向上，右手亦隨之向前移至左手脈門處，掌心向下。目視方向不變。（28式圖66）

　　4. 左掌反採：由上式，重心後移，右腿曲膝坐胯，成右坐步式，左足尖翹起，同時左手上舉。（28式圖67）

| 28式圖68 | 28式圖69 | 28式圖70 |

5.右掌前按：由上式，左手內旋橫置於頭頂上方，掌心斜向上。上體微右轉，右手隨平移至膻中穴，復再橫移至左腋下（28式圖68、圖69）。隨即重心前移成左弓步。左掌位置、姿勢均不變，右掌隨之從左腋下，經左肘向正前方環推，目視正前遠方（28式圖70）。

右穿梭式（5動）

1.左掌翻轉：由上式，重心不變，上體左轉，左掌隨降至左肩前，掌心向下，右掌亦隨之外旋掌心轉向內，至於左肘外下方，眼看左肘外一尺二處。（28式圖71）

2.右足前邁：由上式，重心不變，沉左肩墜左肘，鬆左胯。右足經左足內側向前邁出，足跟著地，足尖翹起，兩

28式圖71

28式圖72

28式圖73

28式圖74

28式圖75

掌姿勢不變。目視右足前方。
（28式圖72、圖73）

3. **右掌斜掤**：由上式，抬頭看右前方，重心前移成右弓步。同時右掌外旋向右前方伸移，掌心向上，左手亦隨之向前移至右手脈門處，掌心向下。目視方向不變。（28式圖74）

4. **右掌反採**：由上式，重心後移，左腿曲膝坐胯，成左坐步式，右足尖翹起。同時右手上舉內旋，置於頭頂前上方，掌心斜向上。目視右上方。（28式圖75）

5. **左掌前按**：由上式，右手隨即內旋橫置於頭頂上方，掌心斜向上，上體微左轉，左手隨平移至膻中穴，復

| 28式圖76 | 28式圖77 | 28式圖78 |

再橫移至右腋下（28式圖76、圖77）。隨即重心前移成右弓步。右掌位置、姿勢均不變，左掌隨之從右腋下經右肘向正前方環推，目視正前遠方（28式圖78）。

第7式　肘底看捶（3動）

1. **兩掌前伸：**由上式，重心不變，兩掌同時向斜上方伸夠。同時左足向前邁步，足跟著地，足尖翹起。目平視前遠方。（28式圖79）

2. **左弓下按：**由上式，重心前移，左膝前弓，成左弓步，兩掌順勢向後捋。捋至左手與尾骶骨平行，右手到左膝外側，小腹落在左大腿根上。目平視前遠方。（28式

28式圖79

28式圖80正　　　　　　28式圖80背

28式圖81　　　　28式圖82　　　　28式圖83

圖80正、背）

3.**左拳上提**：由上式，重心後移，右腿曲膝坐胯，成右坐步式，左足尖上翹（28式圖81）。左掌於身後握拳上提至胸前，拳心向後（28式圖82）。隨即右移，左拳中指與鼻尖前後相對，右手握拳虎口貼於左肘下，目視左前上方（28式圖83）。

第8式　左右金雞獨立（13動）

左獨立式（6動）

1. **左弓回顧**：由上式，重心前移，成左弓步。上體左轉，回頭看右足。左拳變掌，掌心向上置於右肩前；右拳變掌內旋，虎口張開，掌心向下，欲要抓握右足腕。（28式圖84）

2. **右掌前指**：由上式，上身直立，目視前遠方，右掌亦同時直臂前伸，追眼神。（28式圖85）

3. **右掌上掤**：左腿直立，目視天空，同時右掌向上，直臂指天，追眼神。（28式圖86）

4. **左掌前指**：由上式，重心、姿勢均不變，隨即目視前遠方，左掌亦同時直臂前伸，追眼神。（28式圖87）

28式圖84　　28式圖85　　　　28式圖86

| 28式圖87 | 28式圖88 | 28式圖89 |

28式圖90

5. 左掌下指：由上式，重心、姿勢均不變，左掌順勢下指，目視前遠方。（28式圖88）

6. 右提遠眺：由上式，左掌與眼神剛一相接，隨即分開，眼看地面，左掌追眼神，降落指地。隨即右腿曲膝上提，右足心找左掌指。右臂姿勢不變，目平視前遠方。（28式圖89）

右獨立式（7動）

1. 左屈右落：由上式，兩掌姿勢不變，左腿曲膝下坐，右足跟輕輕落地，足尖上翹。（28式圖90）

2. 右弓回顧：由上式，重心前移，成右弓步。上體右

28式圖91　　　　28式圖92　　　　28式圖93

轉，回頭看左足。右掌外旋，掌心向上，置於左肩前；左掌內旋，虎口張開，掌心向下，欲要抓握左足腕。（28式圖91）

3. **左掌前指**：由上式，上身直立，目視遠前方，左掌亦同時直臂前伸，追眼神。（28式圖92）

4. **左掌上掤**：由上式，上體左轉，面向正前方，重心前移，右腿直立，目視天空。同時左掌向上直臂指天，追眼神。（28式圖93）

28式圖94

5. **右掌前指**：由上式，隨即目視前遠方，右掌亦同時直臂前伸，追眼神。（28式圖94）

28式圖95

28式圖96

6.右掌下指：由上式，重心、姿勢均不變，右掌順勢下指，目視前下方。（28式圖95）

7.左提遠眺：由上式，右掌與眼神剛一相接，隨即分開，眼看地面。右掌追眼神，降落指地。隨即左腿曲膝上提，左足心找右掌指。兩掌姿勢不變，目視前遠方。（28式圖96）

第9式　左右倒攆猴（5動）

左倒攆猴（2動）

1.獨立反按：由上式，下肢重心、姿勢均不變。右手上托至左膝前，左掌亦隨之前伸與右掌虛合，隨即右掌向前反按，掌心斜向上；左掌亦同時鬆腕撮指回收至左肩前，虎口靠近左耳。目視右掌掌根，意在脊背。（28式圖97）

| 28式圖97 | 28式圖98 | 28式圖99 |

2. **左撤左按**：由上式，右掌內旋掌心向下，意想摟左膝，左膝躲避外擺；意想按左足，左足後撤（28式圖98）。隨即右手向右膝外側扒地下按，左掌同時向前推按，成右弓步，目平視左掌前方（28式圖99）。

右倒攆猴（3動）

1. **右提左按**：由上式，重心左移，右手鬆腕上提至右耳前，眼看虎口（28式圖100）。左腿曲膝坐胯，成左坐步式，右足尖上翹，足跟著地，隨即眼看右膝，左掌隨之下按（28式圖101）。左掌剛要摸到右膝，立身抬頭向前看，左手即離開右膝（28式圖102）。

2. **左展右收**：由上式，左手隨眼神摸右胯內側、左胯內側、左膝

28式圖100

28式圖101　　　　28式圖102　　　　28式圖103

28式圖104　　　28式圖105　　　28式圖106

內側，隨即上體左轉（28式圖103）。左手向左後方擺
動，眼看左掌方向，右足借勢向後收至左足內側，足尖著
地，足跟提起（28式圖104）。隨即上體右轉目視前遠
方，左掌由左後前移追眼神（28式圖105）。

　　3.左弓右按：由上式，右足後撤左手扒地，右掌前
按，成左弓步。目視前遠方。（28式圖106）

第10式　左右斜飛式（8動）

右斜飛式（4動）

1. **左弓斜飛**：由上式，重心不變，上體前移，使左下腹部落於左大腿根部。同時左掌和右掌分別向左斜下方、右斜上方推撥，意念在左掌。眼神看右掌斜上方。（28式圖107）

2. **右按左推**：由上式，重心不變，右掌從上向下外旋下按至左膝內側稍前處，左掌同時由左後方外旋向右推至右肩前。目視右肩方向。（28式圖108）

3. **右足前邁**：由上式，重心不變，沉左肩，墜左肘。右足向右前方邁出一步，足跟著地，足尖翹起。目視右前下方。（28式圖109）

4. **右肩打靠**：由上式，重心前移，成右弓步。同時右掌向右前上方伸展，掌心向上，隨即沉肩墜肘，兩臀間的

28式圖107　　　　28式圖108　　　　28式圖109

命門穴找右胯的環跳穴，左掌亦同時向後移至左胯上方，意在右肩。目視左掌方向。（28式圖110）

左斜飛式（4動）

1. 右弓斜飛：由上式，重心不變，上體右轉，使右下腹部落於右大腿根部。同時右掌和左掌分別向右斜下方、左斜上方推

28式圖110

撥，掌心均反向外，大指朝下，意念在右掌。眼神看左掌斜上方。（28式圖111）

2. 左按右推：由上式，重心不變，左掌從上向下外旋下按至右膝內側稍前處，右掌同時由右後方外旋向左推至左肩前。目視左肩方向。（28式圖112）

3. 左足前邁：由上式，重心不變，沉右肩，墜右肘。左足向左前方邁出一步，足跟著地，足尖翹起。目視左前

28式圖111

28式圖112

28式圖113　　　　　28式圖114

上方。（28式圖113）

4. 左肩打靠：由上式，重心前移，成左弓步。同時左掌前伸掌心向上，沉肩墜肘，兩腎間的命門穴找左胯的環跳穴，右掌亦同時向後移至右胯上方，意在左肩。目視左掌方向。（28式圖114）

第11式　左右分腳（12動）

右分腳（6動）

1. 左弓左抱：由上式，重心不變，上體左轉，左掌隨之沉肘後移至左胸前，掌心仍向上，狀如托物；右手上提向左移至左臂彎前上方，掌心向下，兩掌上下相合，狀如抱球。目視右上方。（28式圖115）

2. 右臂圈挽：由上式，重心不變，上體右轉，左掌向左前方伸沉，掌心仍向上（28式圖116）；同時右掌沿左小臂上方向右，復向內、向下畫弧圈挽（28式圖117）。

28式圖115

28式圖116

28式圖117

28式圖118

28式圖119

　　3. **兩掌交叉**：由上式，重心不變，右掌圈挽後上提，與左掌於頷下交叉。（28式圖118）

　　4. **兩臂高舉**：由上式，重心不變，左膝直立，兩掌隨之向前上方高舉，右足隨之靠近左足跟。目視右前方。（28式圖119）

28式圖120

28式圖121

5. **右膝上提**：由上式，重心和兩掌姿勢不變，右膝上提。（28式圖120）

6. **展臂右分**：由上式，重心不變，兩臂分別向左後、右前伸展，兩掌大指均朝上，成臥立掌。同時右足向右前方彈踢，崩腳面，足尖著意，意念在左掌指尖。目視右掌方向。（28式圖121）

左分腳（6動）

1. **右弓左抱**：由上式，右足落地，右膝前弓，成右弓步。上體右轉，右掌外旋，沉肘後移至右胸前，掌心向上，狀如托物；左手向右移至右臂彎前上方，掌心向下，狀如抱球。目視左上方。（28式圖122）

28式圖122

28式圖123　　　　28式圖124　　　　28式圖125

28式圖126

2. **左臂圈挽**：由上式，重心不變，上體左轉，右掌向右前方伸沉，掌心仍向上（28式圖123）；左掌同時沿右小臂上方向左，復向內、向下畫弧圈挽（28式圖124）。

3. **兩掌交叉**：由上式，重心不變，左掌圈挽後上提與右掌於頜下交叉。（28式圖125）

4. **兩臂高舉**：由上式，重心不變，右膝直立。兩掌隨之向前上方高舉，左足隨之靠近右足跟。目視左前方。（28式圖126）

5. **左膝上提**：由上式，重心和兩掌姿勢不變，左膝上提。（28式圖127）

6. **展臂左分**：由上式，重心不變，兩臂分別向右後、

28式圖127　　　　　　　28式圖128

左前伸展，兩掌大指均朝上，成臥立掌。同時左足向左前方彈踢，崩腳面，足尖著意，意念在右掌指尖。目視左掌方向。（28式圖128）

第12式　雙峰貫耳（3動）

1. **左落右弓**：由上式，右膝前弓，左足隨之後落，成右弓步；隨即兩掌向前平伸，掌心朝上。目平視兩掌前方。（28式圖129）

2. **坐步後掖**：由上式，重心後移，成左坐步式，右足尖翹起，兩掌同時向背後掖插。（28式圖130）

3. **兩拳相對**：由上式，重心前

28式圖129

28式圖130　　28式圖131　　28式圖132

移，右腿曲膝前弓，成右弓步。同時兩拳從背後分別向前上方移動，兩拳相對，與肩同寬，與兩耳相平。（28式圖131、圖132）

第13式　披身蹬腳（4動）

1. 右掰撐拳：由上式，重心微後移，右足外掰上體右轉，成交叉步，右腿在前，左腿在後；同時兩拳內旋外撐，拳眼向下，兩小指根節與兩側太陽穴相平。目視左肩方向。（28式圖133）

2. 歇步交叉：由上式，兩拳臂外旋於胸前交叉相抱，左拳在外，右拳在內；兩腿曲膝下坐，右腿在上，左腿在下，成歇步式。（28式圖134）

28式圖133

28式圖134　　　　28式圖135　　　　28式圖136

3. **兩臂高舉**：由上式，右腿直立，兩臂高舉。（28式圖135）

4. **展臂左蹬**：由上式，左腿提膝向左橫蹬，足尖回勾，足跟用力。同時兩臂左右分展，左掌根著意。目視左前方。（28式圖136）

第14式　回身蹬腳（5動）

1. **拗步展臂**：由上式，左足向左前方落步，同時右臂向前、左臂向後平展，先目視右前方。再目視左後方。（28式圖137）

2. **蹲身回望**：由上式，兩拳交叉環抱於胸前，左拳在內，右拳在外；隨即蹲身下坐，右轉身360°，向右後方回視，重心寄於左腿，右足尖著地，靠近左足。（28式圖138）

3. **上體左轉**：由上式，重心不變，上體向左回轉，以

28式圖137

28式圖138

28式圖139

28式圖140

28式圖141

餘光回視右後方。（28式圖139）

4. **右膝上提**：由上式，重心不變，右膝向左前方上提。目視方向不變。（28式圖140）

5. **回身右蹬**：由上式，上體右轉，兩臂分展，同時右足向右後方蹬踹，意在左掌根。目視右後方。（28式圖141）

第15式　撲面掌（4動）

1. **落步左蓋**：由上式，右足落地，身體後坐，成左坐步式。右足足跟著地，足尖上翹。同時左掌從左後方經頭頂橫掌向前下、胸前按壓，大指向下，掌心朝前，掌指向右；右掌回收至右肋前，掌心朝上。
目視左掌方向。（28式圖142）

2. **右弓穿按**：由上式，重心前移，成右弓步。隨即左掌向右上腹前滾動按壓，掌心向上；同時右掌於左掌上方仰掌前穿，隨即內旋俯掌前按。（28式圖143、圖144）

3. **左進右按**：由上式，重心不變，上左足，足跟著地，足尖上翹。右掌內旋，橫掌回按於胸前，同時左

28式圖142

28式圖143

28式圖144

28式圖145　　28式圖146　　28式圖147

掌外旋回收於左肋前，掌心向上。（28式圖145）

　　4.左弓穿按：由上式，重心前移，成左弓步。同時左掌前穿，隨即內旋俯掌前按；右掌亦同時外旋，掌心朝上，置於左腋下。目視左掌方向。（28式圖146、圖147）

第16式　十字腿（5動）

　　1.左扣右轉：由上式，重心不變，以左足跟為軸，足尖內扣，上體右轉。左臂隨之內旋轉至右前方，掌心向外。（28式圖148）

　　2.左掌繼轉：上動不停，上體繼續右轉到極限。左掌轉至右耳前，食指指向翳風穴。（28式圖149）

　　3.右膝上提：由上式，重心不變，右膝上提。（28式圖150）

28式圖148

28 式圖 149

28 式圖 150

28 式圖 151

28 式圖 152

4. 右腳右擺：隨即旋胯右擺，同時左掌內旋，向左上方拍打右足背。（28 式圖 151）

5. 左擺右落：手腳相拍後，右足向右前方落地，足跟著地，足尖翹起，左手同時後擺移至左後上方。目視左手方向。（28 式圖 152）

第17式　裏外雲手（7動）

裏雲手（3動）

1. **左裏雲手**：由上式，右足向右活步橫移，成右弓步，同時右掌追眼神向右後方擺動，左掌隨之沿上弧線運至右肩前，掌心向內（28式圖153）。隨即右腿直立，左足向右足靠攏，同時右手上抬與肩同高，左手下降至右肋下，目視右後方（28式圖154）。

2. **右裏雲手**：由上式，目視左後方，上體極力左轉，右手在左手的帶動下，向上、向左後方弧形運擺至左肩前，左手隨勢從右胯向左胯移動（28式圖155）。隨即右手弧形向左後方降落，左手隨動，同時撤右足，成左弓步，目視左後方（28式圖156）。

3. **左裏雲手**：由上式，重心右移成右弓步。同時右掌追眼神由腹前向右後下方擺移至右胯後方，左掌隨之沿上

28式圖153　　　28式圖154　　　28式圖155

28式圖156　　　　　　28式圖157　　　　　28式圖158

弧線運至右肩前，掌心向內（28式圖157）。兩掌姿勢不變，左足向右足靠攏，兩腿直立，目視右後方（28式圖158）。

外雲手（4動）

1. **左外雲手：** 由上式，目轉視左後方，右手原地內旋後伸，上體左轉，重心左移（28式圖159）。隨即右足向右橫移，成左弓步。左掌隨左轉身從右肩經左肩向左後方平移，邊移動邊外旋，使手心逐步轉向外；右手亦同時下降，手心向內隨左轉身經右膝、左膝，向上運至左肘下，掌心轉向上。（28式圖160）

2. **右外雲手：** 由上式，重心右移，成右弓步。左手下降，右手上

28式圖159

28式圖160

28式圖161

28式圖162

移（28式圖161）。隨右轉身之勢，右掌向右後弧形外旋。待運至掌心向外時，左掌隨移至右胯外側，掌心向右（28式圖162）。隨即左足向右足靠攏，右掌下降，左掌上移，兩腿直立，視線隨左掌轉移（28式圖163）。

3. 左外雲手：由上式，目轉視左後方，右手原地內旋後伸，上體左轉，重心左移，同時右足向右橫移，成左弓步。左掌隨左轉身從右肩經左肩向左後方平移，邊移動邊外旋，使手心逐步轉向外；右手亦同時下降，手心向內隨左轉身經右膝、左膝，向上運至左肘下，掌心轉向上。（28式圖164、圖165）

28式圖163　　　28式圖164　　　28式圖165

28式圖166　　　　　　28式圖167

4.右雲上提：由上式，重心右移，成右弓步。右手上移，手心向內與眼睛同高，復隨右轉身之勢，向右後弧形外旋運至手心向外（28式圖166）。手腕鬆提，五指撮攏下垂成勾，停於右肩前約45°處，與右耳同高；左手亦與右手同時沿下弧線向上移至右手下方，目視右手腕（28式圖167）。

28式圖168

28式圖169

第18式　正單鞭（1動）

由上式，左轉身，重心左移，成左弓步。右手姿勢、位置不變，左手隨左轉身之勢，外旋平移至左肩方向（28式圖168）。沉肩墜肘，掌心向外，掌根微向前一按，重心即移回右腿，外形成馬步，意念在右腿。兩臂均如彎弓，不可伸直。（28式圖169）

第19式　下勢（5動）

1. 兩臂分展：由上式，重心右移成右弓步。左右兩臂順勢向兩側平展，兩掌手心向下。目視右掌方向。（28式圖170）

2. 右掌前掤：由上式，重心左移成左弓步。右掌順勢前移與左掌相平，兩掌心相對；隨即兩腕上提，兩掌心轉向下。目平視前遠方。（28式圖171）

28式圖170

28式圖171

28式圖172

28式圖173

3. **兩掌回捋**：由上式，重心後移，右腿曲膝坐胯，兩掌同時回摟至胸前。目平視前遠方。（28式圖172）

4. **右肘平頂**：由上式，上體右轉，右腿曲膝下坐，左腿向左後仆伸，右臂曲肘（手心找右肩井）右頂，左臂向左後方平展，掌心向下。目視右肘方向。（28式圖173）

| 28式圖174 | 28式圖175 |

5. **兩掌下按**：由上式，兩掌同時由左向右平移至右前方，隨即上體微左轉，右胯下坐，左腿仆伸，兩掌如鷹捕兔，盤旋下按至兩膝前下方（28式圖174）。隨即上身直立，目平視前遠方（28式圖175）。

第20式　上步七星（2動）

1. **右掌下插**：由上式，左腿前弓成左弓步，同時右掌外旋，掌心向上從左掌下方向左膝前斜下方穿插。目視右掌方向。（28式圖176）

2. **兩掌交叉**：由上式，左掌向上移至右肩前。隨即右足、右手同時前移，右足跟著地，足尖翹起。右掌置於左掌下方，兩手腕交叉置於胸前。目平視前遠方。（28式圖177）

第21式　退步跨虎（5動）

1. **撇步按掌**：由上式，兩掌左右平分下按，同時右足後撤成左弓步，兩掌置於左膝前略高於膝。目視前下方。

28式圖176

28式圖177

28式圖178

28式圖179

（28式圖178）

2.兩掌回捋：由上式，重心後移，右腿曲膝坐胯。兩掌下按（28式圖179）；隨即兩掌內合，上體右轉，兩掌隨之移到右膝外側，掌指向下。目視右下方。（28式圖180、圖181）

28式圖180

28式圖181

28式圖182

28式圖183

3. **兩掌合下**：由上式，兩下肢姿勢不變，兩掌姿勢亦不變，同時移至左足外上方。目視左下方。（28式圖182）

4. **右提左勾**：由上式，重心不變，上體起身右轉。右掌鬆腕上提至右耳前，左手撮指後勾。目視右手方向。（28式圖183）

5. **前掌後勾**：由上式，重心不變，上體立身右轉。隨即右掌向前伸，沉肩墜肘，四指直伸，大指上豎。左勾手

不變，盡量上舉至左肩關節到極限。目視右掌方向。隨即左轉身，左腿鬆腰坐胯，左足收至右足前，足尖著地。目平視左前遠方。（28式圖184）

第22式　回身撲面掌（3動）

1. **右掌右伸**：由上式，下體和左掌姿勢不變，上體右轉；右掌隨之向右前方平伸，掌心向下。目視右掌方向。（28式圖185）

2. **蓄勢待發**：由上式，下體姿勢不變，鬆腰鬆胯。右手回收，掌心向上，意想摸左小腹；左手同時回收至左肩上方，掌心向下。目平視前遠方。（28式圖186）

3. **左掌前按**：由上式，左腿提膝上步，隨即前弓成左弓步。同時左手臂內旋，向前拍按，右掌心向上置於左腋下。目視左掌方向。（28式圖187）

28式圖184

28式圖185　　28式圖186　　28式圖187

第23式　轉身擺蓮（5動）

1. 左掌右轉：由上式，重心不變，扣左足，上體向右後擰轉。左手隨之回收至右肩外側。目視右後方。（28式圖188）

2. 兩掌沉採：由上式，重心不變。右手上舉至頭前上方，隨即內旋向右後方劈按。左腿曲膝坐胯。目視右後方。（28式圖189）

3. 右膝上提：由上式，重心和兩掌姿勢不變，右腿曲膝上提。目視左前上方。（28式圖190）

4. 右足右擺：隨即旋腰轉胯使右足向上，由左前方向右前上方弧形擺動。同時兩掌由右上方經右胯右膝於空中拍打右足背。（28式圖191）

5. 左擺右落：由上式，重心不變，右足向右前方落地，左右兩掌同時向左後方擺動，左腿曲膝下坐。目視左

28式圖188

28式圖189

28式圖190

28式圖191	28式圖192

後方。（28式圖192）

第24式 彎弓射虎（8動）

1. **兩掌右擺**：由上式，重心右移成右弓步。兩掌隨之向右後方擺動至左掌垂於右膝外側，右掌垂與尾骶骨平行處。目視右後方。（28式圖193）

2. **兩拳上提**：由上式，重心不變。兩手握拳上提至與肩平，拳面向上，兩拳眼相對，與肩同寬。目視右拳的食指根節。（28式圖194）

3. **兩拳俱發**（右）：由上式，重心不變，擰腰坐胯，兩拳前伸，拳面朝前，拳眼相對。目視前遠方。（28式圖195）

4. **兩拳右擺**：由上式，重心不

28式圖193

28式圖194　　　　　　　　28式圖195

28式圖196　　　　28式圖197　　　　28式圖198

變，上體右轉，兩拳同時向右後擺動至與肩平。目視右後
方向。（28式圖196）

　　5.左足前邁：由上式，重心不變，左足向右足靠攏。
兩拳姿勢不變，目視左前方（28式圖197）。隨即向左前
方邁出，足跟著地，足尖翹起。左右兩拳同時變掌，位置
不變。目視方向不變。（28式圖198）

28式圖199

28式圖200

28式圖201

6. 兩掌左擺：由上式，重心前移，成左弓步，同時上體左轉（28式圖199）。兩掌亦隨之向左後方擺動至右掌垂於左膝外側，左掌垂於與尾骶骨平行處。目視左後方。（28式圖200）

7. 兩拳上提：由上式，重心不變。兩手握拳上提至與肩平，拳面向上，兩拳眼相對，與肩同寬。目視左拳的食指根節。（28式圖201）

28式圖202

8. 兩拳俱發（左）：由上式，重心不變，撐腰坐胯。兩拳前伸，拳面朝前，拳眼相對。目視前遠方。（28式圖202）

第25式　卸步搬攔捶（7動）

1.右坐左掩：由上式，重心右移，右腿曲膝坐胯，成右坐步式，左足尖翹起。兩拳不變，左肘外旋找右膝，右拳置於左肘內側，左拳心向上，右拳心向下。目視左前上方。（28式圖203）

2.左撤右搬：由上式，上體左轉。左拳撤肘後收，右手腕擦著左小臂內側向右前方舒伸變掌。同時左足後收至右足內側（28式圖204）。

左足繼續後撤，成右弓步。右掌意念向前遠方伸展。目視右前方。（28式圖205）

3.左坐右掩：由上式，重心左移，左腿曲膝坐胯，成左坐步式，右足尖翹起。同時右臂外旋右肘找左膝，掌心向上，左掌扶於右臂彎處。目視右前上方。（28式圖206）

4.右撤左搬：由上式，下體姿勢不變，上體右轉，右足經過左足內側向右後方撤一大步。同時右肘後撤，左掌

28式圖203　　28式圖204　　28式圖205

28式圖206　　　　28式圖207　　　　28式圖208

28式圖209正　　　　　　28式圖209背

沿右小臂內側經掌心向左前方伸展，掌心向下，右手置於左肘內側。目平視左前方。（28式圖207、圖208）

　　5.左掌回捋：由上式，右腿曲膝坐胯，重心後移成右坐步式，左足尖翹起。同時上體左轉，左掌回捋至左肋下，右掌姿勢不變托於左臂下。目視正前方。（28式圖209正、背）

　　6.左掌右攔：由上式，下體姿勢不變，上體右轉，右

28式圖210

28式圖211

28式圖212

手握拳向右後回拉至右肋下，拳心向內，左掌同時前伸掌心向右前方，橫移至右膝上方微停。右腿鬆腰坐胯，右臂沉肩墜肘，同時左掌內旋前伸，隨即上立。目平視前遠方。（28式圖210、圖211）

7. **右拳平衝**：由上式，重心前移成左弓步，同時左掌立掌後移至胸前，右拳同時貼左掌心向前平衝。目平視前遠方。（28式圖212）

第26式　如封似閉（2動）

1. **兩掌分攔**：由上式，重心後移，右腿曲膝坐胯成右坐步式，左足尖翹起；同時左掌背移貼於右大臂外側，右拳姿勢不變（28式圖213）。隨即右肘立肘，臂外旋，以

28式圖213

28式圖214

28式圖215

28式圖216

28式圖217

肘尖由右向左再向右，從左掌背繞行至左掌內側，沉肘貼於右脅前（28式圖214）。右拳變掌，掌心向內，左掌上移，兩掌交叉於胸前（28式圖215）。隨即兩掌向兩側平移，兩掌心向後置於兩耳旁（28式圖216）。

　　2. 兩掌平按：由上式，重心前移成左弓步，兩掌內旋掌心朝前，同時向前推出。目視正前方。（28式圖217）

第27式 抱虎歸山（3動）

1. 兩掌下按：由上式，重心不變，兩掌同時向下平按於左膝前。（28式圖218）

2. 兩掌橫分：由上式，兩掌內旋，上體右轉，同時收右足跟。左掌心向後，右掌心向下。目視右下方（28式圖219）。

隨即上體右轉，重心右移，成右弓步。右掌隨之向右橫撥，大指朝下，掌心反向外。兩臂成斜下分展式，意念在右手。目視右掌方向。（28式圖220）

28式圖218

28式圖219

28式圖220

28式圖221

3.兩掌翻轉：由上式，重心、姿勢均不變，上身直立，兩掌同時外翻，掌心朝天。目視右掌方向。（28式圖221）

第28式　十字手、收式（9動）

十字手（4動）

1.兩掌上掤：由上式，重心不變，以右手為主導，兩臂向上平舉。目視前上方。（28式圖222）

28式圖222

| 28式圖223 | 28式圖224 | 28式圖225 |

2. **兩臂上舉**：上動不停，兩臂上舉，兩腿隨之直立，兩足平立與肩同寬。目視前上方。（28式圖223）

3. **兩掌交叉**：由上式，兩掌於頭頂上方十字交叉，左掌在外，右掌在內，兩掌心均向內。（28式圖224）

4. **兩肘沉採**：由上式，姿勢不變，兩掌於頭頂交叉，曲膝坐胯成馬步，沉肩墜肘，使交叉之兩掌隨降至胸前。（28式圖225）

收式（合太極）（5動）

1. **兩肘平分**：由上式，姿勢不變，重心右移，隨之兩手心找肩井穴，使立肘自然向兩側分頂，意念在右肘。目視右肘方向。（28式圖226）

2. **三指環接**：由上式，姿勢不變，鬆肩墜肘兩掌指約於胸前一尺處慢慢環接。同時左足向右足靠攏。環接之時

28式圖226　　　　28式圖227　　　　28式圖228

食指相接看食指，中指相接看中指，大指相接看大指。兩掌心斜向前。（28式圖227）

　　3. **環指平移：**上動不停，兩手環接不變，向後平移至胸前，至鼻尖對著大環中央時，想像鼻子上有一根線，線上系著一個小棉花球。兩膝微微下蹲，棉花球隨著身體下降，在剛要接觸地面時，慢慢抬起頭來，棉花球亦隨之向上收提，以致化為烏有。（28式圖228）

28式圖229

　　4. **三環套月：**由上式，姿勢不變，兩掌臂內旋，使兩手心貼於小腹，使肚臍置於大指、食指所接之大環中央（28式圖229）。隨即抬頭目視前方（28式圖230）。

　　5. **太極還原：**由上式，兩肘內合貼於兩側肌膚。隨即

28式圖230

28式圖231

28式圖232

兩掌向下滑移，至中指到兩小腹下角處（氣衝穴）時，用意點按一下氣衝穴（28式圖231）；滑移至中指垂直於兩大腿外側風市穴時，用意再點按一下風市穴。待風市穴有熱感時，用意將其熱量收回丹田，慢慢地恢復到練拳初始的狀態。（28式圖232）

附

錄

傳統吳式太極拳十五論

——張全亮就「國家級非遺吳式太極拳」答記者問

2016 年 5 月 9 日，受北京市文化局委托，北京漢聲文化創意有限公司記者邵文婷、胡鑫，就國家級非物質文化遺產代表性項目吳式太極拳採訪了張全亮先生。以下為採訪實錄。

吳式太極拳 37 式的由來

記者：張老師，您這一脈是從吳鑑泉那邊傳下來的嗎？

張全亮：實際上我們講「南吳北王」，「南吳」指的是南派創始人吳鑑泉，「北王」指的是北派創始人王茂齋。我這一脈是北派，其實從大方面來說是一回事，都是吳式太極拳。

記者：王茂齋之後是個什麼樣的傳承？

張全亮：王茂齋，楊禹廷，王培生，現在到我這。要說北派，我是第四代傳人；要按吳式太極拳從全佑那來算，我是第五代。

記者：簡化的吳式太極拳 37 式是王培生老師創編的嗎？

張全亮：對，是王老在老 83 式的基礎上創編而成的。

王老1953年在北京工業學院教課的時候，發現很多學員一兩年都學不會一套拳，於是就把老83式裏重複的動作都去掉，正好剩下37個式子。現在國內外很多人都在練這個套路，在20世紀80年代，據說就連美國宇航局都用這個做教材。宇航員上天之前，先要練37式太極拳以緩解緊張情緒和恐懼的心理。王培生老師這本書多次出版，英語、日語、法語各種語言版本都有，均一搶而空。

在這之前，國家還沒有簡化太極拳。可以說，王老開創了簡化套路的先河。而且他的簡化不離傳統，是從傳統裏面拿出來37個有代表性的式子重新編排，拳理嚴格遵循傳統。這和現在所謂「創編」的一些東西不一樣。

記者：這種「簡化」跟現在的一些「簡化」區別在哪裏？

張全亮：首先，這是在傳統的基礎上精簡而成，傳統的東西沒有變化。他把83式裏重複的式子去掉，剩下37個式子，按照運動量大小重新編排，保證原汁原味。其次，就每一動來說，按照拳論，以心行意，以意導氣，按竅運身，內涵完全是傳統的東西。而現在「創編」的一些競賽套路其實就是太極操，全是外形的東西，沒有內涵。傳統的東西主要講的是心意，講意和氣，講穴位，都是純以意行，是實用意念拳，不是純肢體運動。

太極拳中的易理

記者：您說的這些對沒練過的人來說是不是挺難理解的？

張全亮：比較難。太極拳十年不出門，就是因為基礎太深，它裏面包含哲學、力學、生理學、醫學很多邊緣科學。它以易理為拳理，以陰陽變化為靈魂，以宇宙萬物返還生剋的萬古不易之規律作為指導練拳的法則。

每一個動作都要從一個穴位發動，動到什麼地方算規範，規範之後身體某一部位或某一臟腑會有什麼感覺，這種感覺有什麼健身效果？有什麼技擊作用？有什麼開智開悟效果？有什麼藝術趣味？都有具體細致要求和提示。從外面健身到裏面的文化內涵，都離不開易理、哲學、醫學、生理學等學科。

而現在一些人編拳，都是憑著自己的合理想像設計外形動作，只考慮外形美，如何增加表演難度，提高得分率，根本沒有傳統的內涵與外延的要求。

記者：作為一個初學者，如何層層體悟這些呢？

張全亮：剛開始的時候要一式一式地練，慢慢地比畫。就像寫字一樣，照著帖子一字一字地描。等「描」熟了，再說為什麼要這樣做，這個動作想的是哪個穴位？怎麼算規範？這樣練有什麼健身作用？有什麼技擊作用？有什麼開智效果？有什麼樣的藝術趣味？嚴格來說必須要這樣練，所以它比較難。

吳式太極拳的定義就是文化拳、頭腦功夫、哲理性拳術、實用意念拳，完全都是意想，純以意行。

記者：這個就是要靠師父口傳心授嗎？

張全亮：對，口傳心授。在拳論上主要就是要分清陰陽虛實。以陰助陽，以陽導陰，向上先寄欲下意，向左先

寄欲右意。一切東西都在陰陽裏統一，都要按照這個思想去做。比如說動作往前去的時候，其實是後面的勁，往上去是下面的勁，往左去是右邊的勁，這都是自然反應。就像拉弓射箭一樣，要想箭射出去，我們都要先向後拉。打槍也是一樣，子彈出膛的一瞬間，都會有很強的後坐力。這都是陰陽，吳式太極拳在這方面分得特別清楚，也要求得特別嚴格。

記者：吳式太極拳是有意識地把哲理、易理運用到技擊方面嗎？

張全亮：對、是的。

吳式太極拳的特點

記者：我之前看過您說過一段吳式太極拳的特點，這是您自己總結出來的嗎？

張全亮：是的，我是概括了前人的一些東西。原來國家有關部門對吳式太極拳的特點概括為四句話：輕靜柔化，緊湊舒伸，川字步型，斜中寓正。後來我覺得還應該再全面一點，我就根據師傳和自己多年的練拳體悟，歸納概括為如下16句歌訣：

端莊平穩，氣度開闊。

單腿負重，川軌步型。

虛實分清，六球相佐。

立圓為主，緊湊舒伸。

輕靜柔化，伺機而動。

按竅運身，如水洇沙。

行雲流水，純以意行。

詩情畫意，三才相通。

這個歌訣我認為對吳式太極拳從動作外形到文化內涵，從身法、步法、神氣、意念等各個方面，都做出了全面系統的規範。比如說「行雲流水」：上如行雲隨風變，下如流水順勢走。吳式太極拳練起來要如行雲流水，純以意行。它不是模仿，而是一種意念。「詩情畫意，三才相通」：太極拳是一種情趣拳，王老總講：練這趟拳的時候，我舒服你也得舒服。行拳時給人的感覺要猶如一幅山水畫，好像一首抒情詩。自己要有如沐春風，如觀奇景的想像和感覺，得有這種藝術感，自己得進入這種藝術境界當中，別人看著也舒服。這些是吳式太極拳的特別之處。

練拳要先練好架子，然後再用意念來指導動作。可以說，文化程度越高，閱歷越廣，生活經驗越多，自然體悟就會越多、越深，練得也會越好。

這裏有很多東西是外行人很難理解的。比如說「端莊平穩」，頭要端正、兩肩要平謂之「端莊」。平穩，王老講，就好像端著一碗硫酸水在走，不能有一絲搖晃，灑出來一點就受不了。他不說是端水，而說硫酸水，可見練拳時必須一直心平氣和，不能有一絲波瀾。常這樣練的話，人的穩定性、適應性等方方面面就都會得到提高，幹什麼事就會非常穩妥。不浮不躁，不急不怒，這是最基本的動作要求。

記者：那「氣度開闊」呢？

張全亮：就是說天有多大，人就有多大，練拳時要形

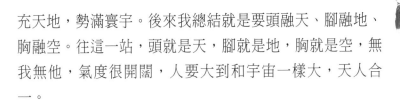

充天地，勢滿寰宇。後來我總結就是要頭融天、腳融地、胸融空。往這一站，頭就是天，腳就是地，胸就是空，無我無他，氣度很開闊，人要大到和宇宙一樣大，天人合一。

記者：「單腿負重」不太好理解。

張全亮：一講就明白了。像咱們的那個房柁，靠一個比柁細很多的柱子支著。之所以能支住不倒，就是因為小柱子是垂直的，垂直了才能把柁支穩，稍微歪一點都趴架。練拳也是如此，重心必須垂直在一條腿上，用一條腿支撐全部體重。要求鼻子尖要和負重腿的膝蓋尖、腳大趾尖上下垂直，三尖相照。尾骶骨要和負重腿的腳後跟上下垂直相照。很多人練拳都存在雙重的問題，雙重狀態下不要說打人，連健身的效果都達不到。肌肉緊張，橫膈膜緊張，整個五臟六腑全緊張，時間長了就會影響身體健康，就會出現這樣那樣的疾病。

單腿負重的時候，在重心絕對垂直的情況下，移動步法或起腿時還要做好「配重」。就好比電線桿一樣，旁邊有一個斜拉線。這個斜拉線過緊或過鬆，電線桿都會歪。它必須得拉得合適，保證電線桿的垂直才行。保證單腿負重上下垂直，關鍵在步伐上，只有在正步一腳寬、一腳長，或是隅步一腳半寬、半腳長的情況下，膝關節才不會「切軸」，不會受損，身法才能輕靈、活快。步子小了靈而不穩，步子大了穩而不靈，都不行。

很多人練拳都不注意垂直線和配重的問題，咯噔一下就邁出去了，這是不對的。什麼叫邁步如貓行、運勁如抽

絲呢？就是說在邁步的時候要伺機而動，肩往下沉，肘往下墜，虛腳著地不著力。如果腳底下有一張紙，這張紙都不能踩變形了。虛靈要達到這麼高的程度才行。

現在好多人都練得膝蓋疼，按照這種練法膝蓋永遠都不會出問題。單腿負重是強化股四頭肌的鍛鍊，關節周圍的肌肉韌帶會練得特別強健，才能穩定性強。即使腿有毛病，經由一段時間規範鍛鍊也會改善。

我在北京大興區老幹部大學教太極拳時，曾經有一位女學員，兩個膝蓋都置換了，問我還能不能練太極拳，我說不但能練，只要嚴格按我的要求練，幾個月之後你的膝關節功能會得到完全恢復。

結果只用了半年的時間，她就什麼感覺都沒了，一年以後還到處教拳，現在她是大興區老幹部大學太極拳社的副社長，也是我們鳴生亮武學研究會的副會長，每天組織練拳，到處教拳，兩腿的功能都感覺良好。

記者：單腿負重實際上這條腿是不動的，肌肉在受力，而膝蓋是沒有運動的，也就不會出現那種軟組織的挫傷，是吧？

張全亮：很多人練拳膝蓋都是撇著、擰著的。我們常說膝蓋不能超過腳尖——就是想都不行，你意念一想，膝蓋就會有壓力。吳式太極拳練的時候不想膝蓋，而是想一個穴位，這樣膝蓋就沒有壓力了，只是肌肉會受到刺激，所以不會出現問題。你看我76歲了，哪兒都沒問題，就是因為單重。變換步伐的時候，一個重心向另一個重心慢慢轉換，首先我把腳落平了，命門找環跳，移過來，然後重

心垂直，再往下動，鬆腰鬆胯，沉肩墜肘。這樣看似慢、笨，實際是很輕靈的。

吳式太極拳為什麼被稱為「長壽拳」

記者：吳式太極拳的特點是「輕靜柔化」，還有一個長壽拳之說，這兩者有關聯嗎？

張全亮：吳式太極拳有「長壽拳」之美譽，因為練吳式太極拳老前輩長壽者居多。為什麼能長壽呢？跟「輕靜柔化」的特點是密切相關的。我總結了這麼幾句話：鬆靜除張，緩慢增力；細膩化瘀，想穴除疾；柔化抗衰，觀妙開智；中正安舒，單重輕靈；體腦並練，益壽延年；陰陽合德，與天同運。為什麼要這樣說呢？

鬆靜除張，就是要求練拳時身體內外要特別鬆、特別靜。現在人普遍壓力都大，從中央到地方，從老到少，從男到女，都有不同的壓力，有的是工作壓力，有的是生活壓力，有的是思想壓力，等等。這些壓力，會形成臟腑、經絡的緊張，這種緊張時間長了就會使人得各種疾病。吳式太極拳有特殊的方法讓人體可以高度鬆靜，藉由鬆靜緩解壓力。

緩慢增力，就是慢練，不能快，越慢越好。比如說邁一步，零點幾秒邁出去誰都可以做到，但是要求一兩分鐘邁出一步就不容易了，它要求人體的肌肉、韌帶及思想、心情等各方面都要處於一種很平穩的狀態才行。這種練法可以提高人體的全面素質，比如承載力、耐受力、能力、活力、協調、平衡等。

　　細膩化瘀，就是要一點一點地練，一個細胞一個細胞地觀想著練。練拳時往上想「如氣蒸騰」，往下想「如水洇沙」。想春天下過雨後，太陽噴薄欲出，就會有那種氣象萬千的舒服感，雖然什麼都看不見，但那種氣是往上蒸騰的，感覺特別舒服。吳式太極拳要這樣細膩地練，練出來之後，人體會外面很柔，裏面卻像鋼鐵一樣硬。

　　想穴除疾，就是練拳時在體會向上如氣蒸騰、向下如水洇沙的細膩過程中，還要有意識地觀想一下與每一個動作的起落相關或欲治療某一疾患有作用的穴位，這樣會有明顯的防病治病效果。

　　我們練拳的時候，每一動都由一個穴位形成。比如手往上抬，一想命門穴，手自然就往前去；一想十指回鉤大陵穴，手自然向上滾動；一想內勞宮穴，十指自然會舒展開來；一想外勞宮穴，手背會自然往下落；一想曲池穴，兩肘自然會回收；一想肩井穴，膝胯自然會下坐。

　　每一個穴位，在中醫裏都能治很多病。比如足三里穴：「三里膝眼下，三寸兩筋間，能通心腹脹，善治胃中寒，腸鳴並泄瀉，腿腫膝脛酸，傷寒羸瘦損，氣蠱及諸般……」這些病都可以透過足三里穴治療。比如陽陵泉，內和臟腑，外潤經筋，也可以治好多病。經常想著這些穴位練拳，就可以祛除很多疾病。

　　柔化抗衰。拳論講「腰折百回若無骨」，我們揉面需要來回反覆揉，這樣做出來的饅頭才好吃。腰腹及全身的臟腑、肌肉、韌帶只有經過千折百回地揉轉，才能提高彈性，才能抗衰老。我們的血壓為什麼會高呢？就是因為血

管彈性差了，就會加大心臟的壓力。來回這麼練，一動渾身無有不動，這樣就可以柔化抗衰，對心腦血管的疾病有很好的防治作用。

觀妙開智。練拳時要外觀宇宙自然的奧妙，內察體內氣血運行的情況，這樣才能開發人的智慧，起到健腦的功效。

中正安舒。練拳中正不歪，五臟六腑得位，心安體舒，才能減少疾患；做人做事中正無私，心安理得，問心無愧，才能不招災惹禍。

單重輕靈。吳式太極拳中正的要求是在單腿負重的情況下實現，即重心完全垂直在一條腿上，鼻子尖與足大趾尖垂直相對，尾骶骨與足跟上下垂直相對，只有在這種情況下虛腳的活動才最輕靈。

體腦並練，益壽延年。吳式太極拳不但能練體，還能練腦。人老有兩個表現：一是腿腳不得力，二是反應遲鈍。腰疼腿疼其實就是「根」衰了，我剛才說的這些練法就是「紮根」的運動，根深才能葉茂。

腦子怎麼練呢？背東西。拳勢的動作名稱、拳理拳法的歌訣、針灸穴位知識等，都要背，另外還要多讀書，多研究，多學習。吳式太極拳是一個文化拳，要學習哲學、文學、醫學、生理學以及很多邊緣學科，特別是針灸學要好好學。要是吳式太極拳練成了，就相當於一個針灸醫生。

就拿簡單的預備式來說：一，左腳橫移；二，兩足平立；三，兩腕前掤；四，兩掌下採；五，蹲勢下按……這些都得背下來。不管是大式子名稱，還是每一個式子裏幾

個動作的名稱，歌訣、拳論等都要求背下來。人的大腦一分鐘會有幾千萬個訊息接收過來，再回饋出去，裏面的能量很大。如果要發明一個機器代替大腦的功能，據說體積會比地球大若干倍。施行這種方法，我們可以開發大腦新的航道，使大腦越來越靈活。老動腦子，老練腰練腿，這樣強身健體的效果最好，就可以益壽延年。

陰陽合德，與天同運。 陰陽就是規律，練什麼都是規律運動，要遵循規律，但還要「合德」，要分清楚善和惡。練拳的同時要強調做好人，做善事，要「合德」。咱們中國傳統文化特別強調這一點，就是「與人為善」「己所不欲，勿施於人」。各個國家都有自己的疆域，誰也不要侵犯誰，和睦相處，互利共贏，才能世界和平；人的五臟六腑亦如同各個國家，各有自己的疆域，誰也不能擠壓誰，才能各自舒暢，減少疾患。

太極拳就是「助人為樂」，它求合力，引進落空合即出，你來打我了，我一點都不抵抗，我就像老子說的「水」一樣。《道德經》第八章最重要的一句話就是「上善若水」，所有的太極拳都是仿效水的。水自然地見山繞山，見樹繞樹，隨方就方，隨圓就圓，無孔不入。水能載舟也能覆舟。你看水爭強好勝嗎？爭名奪利嗎？哪兒有坑往哪兒流，哪兒低往哪兒去。火則不然，火是往上走的。人就是水火之體，上面是火，下面是水，水火既濟、合一才能天長地久，健康長壽。

人一著急就「上火」，就皺眉頭，眉頭就像一個倒寫的「火」字。人生下來之前，在娘胎裏頭朝下，生下來之

後，頭一朝上，火就反過來了，就成倒寫的「火」了。我們要學水的性質、水的德行，常往下想，叫「水上火下」「取坎填離」，這樣就會減少疾患，做人做事就會得心應手。

水是最能與時俱進的，冷了結冰，熱了變氣，不冷不熱成水。水的三種變化就是太極拳的三層功夫，一層比一層更加不好掌握。冰上能走人，甚至可以開坦克；水能浮，能漂；而氣呢？你打一拳空氣什麼感覺？你踩一下空氣行嗎？雲難觸，水難依，你不能摸到雲（也就是氣），也不能依賴它，你從飛機上掉下來，在空中打槍、打拳什麼都不能，話都說不出來，「哇」一聲就下來了。

吳式太極拳的最高境界是「空」，由水到空有三步：首先是練的軸承運動，處處都旋轉自如。其次是水的運動，不能依，不能靠，隨方就方，隨圓就圓，沒有定型。

太極拳沒有法，動就是法。八卦掌沒有招，變就是招。最後達到太極拳的最高境界，就是「空」，虛靈的，虛空的，純是自然，隨心所欲。我們常說太極拳有三個層次：由著熟而漸悟懂勁，由懂勁而階及神明。神明就是空的層次。

太極拳是一種「無為運動」

記者：懂勁相當於水的階段？

張全亮：對，懂勁就相當於水。太極八法講「掤擠肘靠」和「捋按採挒」，四個進攻，四個防守，都是隨心所欲。你掤我就捋，你擠我就按，就像水一樣沒有定型。要是把手放進水裏面，水瞬間就把手包上了，連汗毛孔都能

滋上；拔出來的時候，水一點縫隙都沒有，一下子就合上了。能做到像水一樣和其他物體的自然親和，很不容易。健身、技擊如此，做人做事也是如此。

太極拳是無所不包、無所不統的一種哲理性拳術。以防身而言，一般都是以大勝小，以強勝弱；而太極拳是以小勝大，以弱勝強；做事也是這樣，一般來說，你批評我，我就頂你；你要治我，我就報復你；你打我一拳，我還你一腳，這都不是順遂的，都不符合太極拳「務令順遂」的水哲學。實際上「順遂」是最屬害的哲學，不頂抗，隨著自然運動，是一種無為運動。無為才能無不為。

什麼是無為運動呢？無為運動就是規律運動，無為而無不為。「無為」不是什麼都不幹，無所作為，它是規律運動。就像地球和太陽的關係——公轉和自轉，公轉的時候產生一種離心力，地球被甩出去；然而地球一自轉，就克服了這個矛盾，就平衡了，我甩不出去你，你也靠近不了我，形成軌跡運動，這就是道。這個「道」是最客觀的，最屬害的，是誰都不能改變的。如果地球不能及時自轉，被甩出去，那地球就被粉碎了，就回不來了。

太極拳講「出圈容易進圈難，不離腰頂後與前」就是說的這個問題。

「出圈容易進圈難」說的是，你要是從我的軌道裏出去容易，但想回就回不來了，所以必須要由自轉來克服這個矛盾。太極拳的「無為運動」就是公轉和自轉同時進行的運動，這種運動是永遠不可戰勝的一個規律。

「不離腰頂後與前」屬於太極拳的技術語言，沒練過

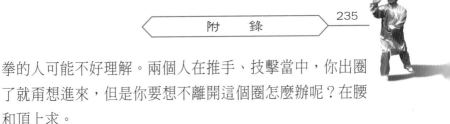

拳的人可能不好理解。兩個人在推手、技擊當中，你出圈了就甭想進來，但是你要想不離開這個圈怎麼辦呢？在腰和頂上求。

記者：就是說要站在哲學和思想的層面來指導練拳？

張全亮：對，太極拳的基礎就是哲學、易理、陰陽，都是我們國學殿堂的精華，練的過程當中需要慢慢去了解。其他方面也是如此，我是從太極拳這個路徑攀登到國學殿堂，用它的影響來壯大我們；你呢，是從寫作的角度去研究國學，從中吸收營養，提升作品質量；他是從醫學的路徑到國學殿堂，從而提升醫學水準；還有人是從算卦相面等各個路徑進入國學殿堂。

國學就好比肥沃的土地，透過不同的路徑去吸取營養，都會各得其所，大家都離不開它。

傳統武術需要傳承和弘揚

記者：張老師，您是從哪一年練習吳式太極拳的？

張全亮：我是1974年師從李子鳴老師學練八卦掌，1985年師從王培生老師學練吳式太極拳的。但我從1953年就開始練武術，先後學練過查拳、滑拳、通背拳、八極拳、劈掛拳、楊氏太極拳、李氏太極拳等，最後我認定了吳式太極拳和梁式八卦掌比較適合我，就以這兩個拳為主，兼顧其他了。

記者：選擇吳式太極拳有自己的原因嗎？

張全亮：我接觸且練習過很多拳種，並相互做了比較，不論是從健身、技擊，還是文化內涵、外延等方面考

慮，我覺得還是吳式太極拳和梁式八卦掌更適合我，我就認定這兩個拳了。市級和國家級「非遺」都是以「鳴生亮武學研究會」的名義報的，我們叫它「鳴生拳法」，「鳴」是指我的八卦掌老師李子鳴先生的定式八掌、老八掌、六十四掌以及刀槍棍劍這一系列；「生」是指我的吳式太極拳老師王培生先生，有16式、37式、83式、108式，推手、散手，刀槍棍劍，還有好幾百種小功法，這是一個大的系列。

記者：我在網上看到過有這樣一個網站，就是您說的這些。

張全亮：就是我的網站，叫「鳴生亮武術文化網」。

記者：我看做得還是挺好的，上面影片還是挺多的。

張全亮：嗯，做了好幾年了。

記者：現在跟您學的年輕人多嗎？

張全亮：不少，我現在全國有48個輔導站，6個分會，入門弟子300多人，學生數以萬計。今年四月份我去三亞參加了「三亞南山」首屆世界太極文化節，榮獲了「我最喜愛的太極拳人物」和「太極新媒體影響力人物」的稱號，被綜合評定為「太極十強」。我去了南山兩次，參加演講、演示、交流等活動，規模很大，有來自數十個國家的一萬多人參加。從那之後我又上溫縣陳家溝，參加一個大的太極拳活動。隨後又上武當山，有一個八卦掌班教學，這個班是全國性的，每年一次，這都是第十七期了。今年先是講了5天八卦掌，後來大夥兒不願意走，又開了3天太極拳班，報名的年輕人很多。

記者：您說的弟子都是頂帖拜師的入室弟子嗎？

張全亮：對，入室弟子。

記者：輔導站是怎麼操作的呢？

張全亮：輔導站都是鬆散式管理。目前最好的就是我們大興區老幹部大學太極拳社。我們的太極拳社十幾年了，辦得非常好，這次去南山還專門上台表演了。輔導站這種鬆散式管理，就是哪兒有需要，我們就去指導；哪兒辦班，我們就去幫一幫，組織得好的，我們會鼓勵、表揚、獎勵。這次去南山參加首屆世界太極文化節，我們研究會就去了六個下屬單位，參加表演，反映都很好。

記者：完全出於對吳式太極拳的喜愛？

張全亮：對。

記者：那16式是誰創編的？

張全亮：一個是王培生老師創編的。一個是我自己創編的。我創編的這個16式是在不離開37式框架的情況下，為了便於傳授37式，而原汁原味地按原來37式的順序節選了一部分簡單的動作。現在國家級非遺系列培訓裏的初級教材就有這一套，為了和王培生老師創編的16式加以區別，最近編非遺教材改叫18式了，因為叫16式沒有算上起式、收式，加上起式、收式正好是18個式子，所以改叫18式也符合客觀實際。

記者：關於傳承上您看到了很多問題，您覺得最好的傳承方式是什麼？

張全亮：第一，現在我有好多輔導站，還有國內國外的好多活動，到處講學、演練、教拳，各地政府、機構、

朋友請我去，我只要力所能及都會去，講、傳、教，這是一個傳承的路線。第二，收徒弟，找合適的傳人。第三，就是鬆散地向社會普及，但鬆散而有計劃。比如現在我要搞一個國家級非物質文化遺產系列培訓，誰有積極性誰就組織。

我在網上發出公告，體育局、工會做的第一期，我趕緊編寫了教材和光碟，還做了證書，教了兩期反映挺好的。宣化武協、江門、上海、無錫等地都有意辦，另外美國也在籌備。既然是國家級非遺，我不能頂一個虛名，我想做好這個系列培訓。

我們有自己的網站，並且和中國太極拳網、世界太極拳網、中國武術在線、武當網、中華武術網等好多大網站都有鏈接。我的文章一發，鋪天蓋地就都發出去了，《中華武術》《武當》《武魂》等大的武術類刊物，我都會把文章發給他們，影響很大。另外，每年我除了活動之外，對弟子還有一項考核指標，就是發表文章。去年太忙我沒有總結，前年我的弟子在各種刊物上發表文章100多篇。我現在發表的論文已有三四百篇。這也是一種弘揚，無論是實體上的弘揚，順其自然的弘揚，還是有計劃的弘揚，我的目的就是在有生之年，把我學的東西傳出去，造福人類。就這些，沒有別的。

記者：教老年人和教年輕人打太極拳會有很大的區別嗎？

張全亮：有。老年人一般是健身為主，年輕人除了健身之外，還有一個技擊的要求。

記者：那老年人練拳在動作上有沒有做一些改動？

張全亮：你說的技擊和健身是分開的，吳式太極拳不是，就是一個東西。人都是四肢百骸，你是去做工還是刨地都一樣。拳就是這些東西，只要練好之後，就會對健身有好處，對防身有好處，對開智開悟、激發某些潛能有好處，它就在於點撥，一點撥就行了。不點撥，光比畫永遠不知道怎麼回事，知其然不知其所以然。所以傳承很重要，要有正確的傳授，還要苦練，還得有悟性，文化程度越高，悟性越好，太極拳水準也會越高。

現在好多人練拳就是一遍一遍地練，也不能說沒作用，充其量活動活動身體而已，但裏面好多精華的東西都捨棄了。

吳式太極拳的獨特魅力

記者：您學過的太極拳也比較多，您能不能舉一個動作來說明這個「柔化」和其他太極拳的區別？因為對於一般人來說，從外形上看，所有太極拳都差不多。

張全亮：很多人練拳一般都是動作比較「粗」，比如一伸胳膊，胳膊就出去了，一抬腿，腿就起來了。而吳式太極拳則不然，看似簡單的一個動作，比如大臂上抬，要想極泉穴，抬小臂想少海穴，再到勞宮穴，手這才抬起來。抬到哪兒呢？高於肩、低於耳，高了不舒服，低了憋得慌。提腕想大陵穴；兩臂下降的時候，想一下勞宮穴，十指舒展開了，有水上扶球之感，一想手背的外勞宮穴，手自己就下來了；一想曲池穴兩肘就會自動往後拉；一想

肩井穴，身體就會往下坐。

所謂細膩柔化，其實就是一點一點地練，或者說，就是一個穴位一個穴位地練，比穴位還要細的就是一個細胞一個細胞地練，一點一點地走，像水洇沙一樣。

這樣身體裏面所有的組織，就像對高精尖的儀器，一點一點地檢查，沒問題，擦一擦，零件壞了換一換。這跟那種隨便拿砂紙一打不一樣，因為「細」，所以柔化；因為柔化，所以抗衰；因為抗衰，所以強壯。練得很細膩，每個動作意念是細化的，是哲理性的，時間長了會把人培養得做什麼事都是非常虔誠，非常鬆靜，非常認真，非常細膩，不草率，不應付。這種性格一旦形成，這人到社會上肯定領導喜歡，群眾喜歡，幹什麼事都能成功。

記者：剛才您說到鬆靜還提到一個詞叫「緊湊舒伸」，感覺像兩個反義詞放在了一塊。

張全亮：這是對立統一。比方說「緊湊」，做一個野馬分鬃的動作，看著很緊湊，但很舒伸，頭融天，腳融地，胸融空，氣勢很大。外形並不大，裏面有乾坤，裏面在動，由腳而腿而腰而肩而肘而手地走，手追著眼，神領著形。它不是「跳著」走的，上什麼地方去得一步一步地走，一點一點地走。不是飛過去、跳過去的。

記者：緊湊和小架拳有關係嗎？

張全亮：吳式太極拳是楊露禪的後學，楊露禪教大架，他兒子教小架，然後全佑先生就把大架和小架融合在一起，變成中架。

過去的區分大小架就是看形體上，大架舒展大方，小

架比較緊湊。現在主要是意念上來區分，小架在外形上緊湊，但在意念上可以放大。八卦掌也是，看似一小步，但是講究「混元一氣走天涯，八卦真理是我家。招招不離腳變化，站住即為落地花。」意念要「趾及天涯」。腳往前一邁形不大，路徑很短，但是意念遠及天邊。頭融天，腳融地，胸融空，其大無外，其小無內。大可以大到天邊，但卻發現天外還有天，還可以無限遠，無限大；小也可以無限小，分子、原子、質子無限可分，太極拳就是這樣，所以它很難練。但它的功效卻非常全面。

　　記者：還有「川字步型」。

　　張全亮：「川字步型」這個比喻我後來改成了「軌道步型」，最近我又改成了「川軌步型」。身體兩側從肩井穴至湧泉穴比做「川」字兩邊的兩豎；從頭頂的百會穴至會陰穴相連的垂直線（即整個脊椎）比做「川」字中間的一豎。所謂「川字」步型是在移動體重過程中出現的投影狀態像「川」字；定式的時候，中間那一豎和旁邊一個豎要重疊，變成了兩個豎。就成了「軌道步型」了。過去我有時候說「川字」步型，有時候說「軌道」，但是後來發現定式的時候必須是「軌道步型」；運動過程當中的瞬間，投影線必然是「川字」步型。這樣我就綜合起來稱之為「川軌步型」了，我認為這樣是符合實際的。

　　記者：還有「斜中寓正」。

　　張全亮：斜中寓正就好比電線桿要有一個拉線，沒有拉線，這個電線桿站不住。又好比木匠立了一個柱子，旁邊要有一個斜撐，這就是斜中寓正。所有動作中，傾斜也

好，旋轉也好，前提都要中正。斜和正兩者對立統一，相互依存。

記者：就是說動作招式不是完全對稱的，但它在思想層面上還是正的。

張全亮：是的。現在有些人練起來好像也是斜中寓正，可是好多的「正」是雙重狀態下的「正」。斜和正的問題是一對矛盾的統一，沒有斜來輔助就正不了；沒有正呢，斜也就不存在了。

記者：像「按竅運身」這樣的理論只在吳式太極拳裏有嗎？

張全亮：別的拳沒有明確提出過。

記者：這是王培生老師提出的嗎？

張全亮：對，王老的創見。這已成為王培生先生所傳吳式太極拳的一個最主要的特點和理論體系。

記者：王老師有醫學的背景嗎？

張全亮：沒有。但他博學多才，喜歡研究醫學、古典哲學等傳統文化。太極拳是理論和實踐高度結合的東西。後來我也有很多自己的研究，都是在老前輩的指導下，透過實踐慢慢一點點體悟出來的。這就跟寫詩一樣，經過長時間的積累，突然間會出來一些靈感。

記者：我看您總結的都特別合轍押韻。

張全亮：這次我在南山演講，說吳式太極拳既能健身長壽，還有技擊含義，把「點、打、拿、發、摔、卸」融為一體，含而不露，我總結它的技擊原則是「上如行雲隨風變，下如流水順勢走，彼剛我柔如翻版，處處旋渦處處

軸，引進落空合即出，粘連黏隨不丟頂。」這樣的歌訣很受歡迎。

記者：還有一種說法是「六球相佐」是什麼意思？

張全亮：「六球相佐」是王培生老師提出來的，六球是指：兩個眼球、兩個腰子、兩個外腎（女子是兩個乳房，男子是兩個睪丸），非常科學。兩個眼球管兩手兩腳，當你看大眼角的時候，手腳都是沒勁兒的；而一看小眼角，勁兒就來了。舉重的時候都是一看小眼角，一下子就舉起來了，打人的時候也是如此；兩個腰子管兩肘兩膝。兩腰子往裏一合，肘膝就都沒勁兒了，腰子往外一展，肘膝立馬就有勁兒了。拿肘頂人的時候，縮腰不行，腰子得往外去。兩個睪丸（兩個乳房）管兩肩兩胯。外腎一合，肩胯就都沒勁兒了，往外一撐，離開會陰，或是離開膻中穴，肩胯就有勁兒了。它非常科學，查歷史都查不出來，完全是在實踐當中生發出來的。

記者：您講了很多太極拳和哲學的關係，一般人要練到能理解自己身體循環得多長時間？

張全亮：吳式太極拳教拳跟別人教拳不一樣。很多人教拳就是在前面帶著練，咱們不是，要把動作講到位，還得把理論講透了。儘管一開始他不明白，你也得這麼灌輸，慢慢他就明白了。練太極拳就是這樣，笨人能練聰明了，死心眼兒的能練活泛了。很多這樣的例子。有的人見人不敢說話，後來透過練拳性格開朗了，都能跑外了。

記者：有那種需要練上幾年基本功才能到下一階段之說嗎？

張全亮：在武術界各拳種、流派裏都有這種要求，這一方面是考驗你的毅力，一方面也是練功的需要，因為基本功越紮實，將來功夫上層次越快。但有的人經不起這種煎熬，就半途而廢了。

記者：弟子能否成才，關鍵在哪裏？

張全亮：關鍵在內因。因為任何人都不一樣。孔子弟子三千，七十二賢人，真正能成的不就有數的那幾個人麼。成才不是那麼簡單的事情，老師想把所有東西都給學生，有的是聽了一句就練一百遍，還能用心琢磨；而有的人他根本不拿這當回事。那結果就不會一樣。

吳式太極拳重點是調整身心平衡

記者：吳式太極拳現在傳承的套路功法有多少？

張全亮：很多，就拿北派來說吧，有吳式太極拳16式、37式、83式、108式。83式有兩個路子，一個是原來楊禹廷師爺傳的83式，還有過去王茂齋傳的83式。另外，還有八法，太極器械：刀、劍、槍、桿等，還有推手。推手有很多：單手的平圓推手、立圓推手，雙手的四正推手、四隅推手、大将等。

還有小功法，王培生老師傳的有幾百種小功法，有什麼病就練什麼功法。比如便秘、高血壓、糖尿病等都有專屬的功法，有古時候傳下來的，也有從太極拳生化出來的。比如「攬雀尾」就是王培生老師在長期的教學實踐中體味出來的防止糖尿病的功法。

1953年，王老在北京工業學院教課的時候，做過兩組

對比試驗，兩組糖尿病患者自願參加，一組吃藥不練拳，一組練拳不吃藥，半年後一檢查，練拳的這一組很多人都好了，但另外吃藥的一組卻沒什麼變化。

記者：小功法就相當於把太極拳化整為零，改為單式反覆練習嗎？

張全亮：對。抽出來的一些動作反覆練，吳式太極拳的每個動作都強調以穴位運身，治病效果很好。比如說，一想命門，手往前去；一想手指頭回摳大陵穴，手腕就抬起來了，高於肩低於耳的時候，胸中會有空暢的感覺，這就健脾養胃、能吃能睡。

原來北京有個建築公司的工程師，是個女性，胃癌，吃不下去飯，老吐，我就教了她一個向兩側展臂，翻手掌的功法（王培生老師傳的）。她練了三四天，給我打電話，說張老師，這個功法太管用了，吃飯吃得特別多，特別香，不吐了也不惡心了。諸如此類，有些功法治病的效果還是挺好的，甚至可以不藥而癒。

人之所以生病就是因為某個臟器、氣血、經絡不平衡了，它的功能發揮不出來，有東西剋著它呢。你必須把這個東西給解除了，讓體內平衡了，正氣豎起來，正能量發揮出來，病自然就好了。所以只要施行一種方法把經絡調整好了，把氣血調整順暢了，五臟六腑和諧了，疾病也就隨之消失了。辯證法告訴我們統一是相對的，不統一是絕對的，人體也這樣，有時候覺得挺好，有時候就不舒服了，要隨時進行調整。

記者：就是找中間最平衡的一個點。

張全亮：對。這麼多運動形式，相對來說，我覺得吳式太極拳和梁式八卦掌對調整身體平衡最好。吳式太極拳把吐納導引、經絡穴位揉在一起，是一種非常好的運動形式。

記者：練的時候會講究哪個動作呼氣，哪個動作吸氣嗎？

張全亮：開始不要想這些，自然呼吸就行了。慢慢練了一段時間之後，自然就配合好呼吸了。屈伸開合聽自由。舉一個簡單的例子：你拿一個大錘向下砸一個東西，蓄勢上舉的時候必然是吸氣的，發力下砸的時候必然是呼氣的，不用教，誰都會，這就是自然而然。但是如果我告訴你，舉斧子的時候吸氣，砸的時候再告訴你呼氣，叫你把意念放在呼吸上，你試試看保準就沒有勁了。你要是自然地做這個動作，反而很合適。很多人練太極拳都一味要求吸氣、呼氣，只會適得其反。

慢慢練，氣息自然就有了，再稍微用意念配合一下，才可以進入到呼吸的層次。但剛開始不行，主要是調姿調息，把姿勢調好了，把呼吸調勻了再說別的。一開始不行，就好比現在小學還沒上呢就去做微積分的功課，肯定不行。

太極拳八法的創新與實戰

記者：還有一個「八法」是吳式太極拳比較重視的。

張全亮：不管哪一派的太極拳都離不開八法，八法是太極拳的核心，「掤擠肘靠」是四個進攻手法，「捋按採

捋」是四個防禦手法，太極拳所有動作裏面都離不開這八法。就像中國的書法一樣，一撇一捺，一橫一豎……所有字都離不開這些筆畫。這也是一樣，無論是健身還是防身，都離不開八法。

八法整套的練習方法，包括每一式的收式，王培生老師都有成形的東西。後來我又進一步給系統化了，對每一法都新編了具有可操作性的歌訣，按照歌訣練就行了。比如說：「掤屬水下鑽上浮，子丑合鬆襠翻手，六面勁忘掉手腳，主進攻上對下找。」這就很好掌握：掤先定型，掤屬水下鑽上浮，水都是先下後上地走，子丑合就是命門和環跳合……類似這樣的歌訣很多，比如收式：「揉抱陽陵舒筋脈，上托環跳緩衰老。」為什麼陽陵泉可以舒筋脈，為什麼托環跳就可以緩衰老？練起來很有趣味，內涵很豐富，也好操作。

記者：太極拳的核心都是一樣的，但是分出陳、楊、吳、武、孫，它們的區別在於套路架子上嗎？

張全亮：就好比書法上的顏、柳、歐、趙，結構一樣但各有各的特點，都很好。我經常說三拳如三書，三種練法就好比三種不同的書法，形意拳就好比楷書，太極拳好比行書，八卦掌好比草書，各有特點。任何事物都一樣，發展當中都會有個性。人長得都不一樣，雙胞胎也有不同的地方。

記者：您覺得練到哪個階段就可以形成一個新的門派了？

張全亮：那不好說。現在有些人還沒怎麼學呢，就想

創新。在傳統的基礎上可以創新，但必須原汁原味地繼承傳統的東西。都別說創新，就是想繼承都繼承不過來。因為每個老師都會帶走一部分，你原汁原味地學，下工夫苦練，若干年之後你沒想創派，也會形成自己的特點，這是事物發展的必然。因為每一個人的基因不同，性格特點不同，知識、閱歷、經驗，所處的地域文化影響不同，雖然師承同門，也會有所差別。

武術是武打的技術，是戰場實戰經驗形成的。現在人憑合理想像編拳，你打過仗嗎？打過擂嗎？保過鏢嗎？你都沒有經過實戰，就創新？不是那麼簡單。

人家國外對民族性的東西非常重視，越具有民族性就越具有世界性。日本的相撲，據說每年都有很高額的資金扶持。現在外國人到中國來，都是追求傳統的東西，不是追求你編的東西。你會編，我也會編，對不對誰知道啊，供外行看熱鬧罷了。

「式」與「氏」的區別

記者：我們在網上看到吳式太極拳，有架式的「式」，也有姓氏的「氏」，這兩個有什麼區別？

張全亮：我常用「式」，但也有人用姓氏的「氏」。傳統的東西有一個「非姓不真」的問題。要是說「吳氏」，就是吳家專屬的財產。後來國家主管部門把「氏」改成了「式」，就是說姓吳的人創的這個式子，這樣說我覺得比較貼切，其實兩種說法都可以。現在國家非遺批的還是「氏」。

記者：太極拳的最高境界是空，但好像所有太極拳都強調招式。

張全亮：太極拳沒「法」，動就是「法」。什麼都一樣，變化萬千，能動就成，把你逼到那了，你能動嗎？你不能動就完了。人處事也是一樣，到一個困難的環境，沒吃、沒喝、沒有生存條件，你是死到這兒呢，還是想方設法活下去呢？「活」沒有法則，你有你的法則，他有他的法則。

記者：沒有一個規定的式子？

張全亮：有為到無為，有定式到無定式，都是這樣，後天返先天。小孩兒生下來什麼都不怕，看見老虎都敢揪鬍子，他沒有老虎會吃人的觀念。後天的東西是慢慢灌輸進去的。王培生老師常講「現在是後天的識神壓住元神了」。現在人後天知識太多，壓住元神之後，腦子就封閉了。封閉之後所有做的事兒，自然就要按照後天人們所研究的道兒去走了，幹什麼事都會拿後天的知識、經驗的尺度衡量，看符不符合這個，符不符合那個。

實際不是這樣。把先天的管道打開，就像把中央電視台的庫房打開了一樣，無論是解放時期的錄影，還是抗日戰爭時期的錄影，拿出來一放就全明白了。這個聽起來好像挺玄的，實際不是玄。只要得道得法，長期苦練，人體的奧妙之門，是可以打開的，但不是那麼容易，也不是一般人可以做到的。

現在咱們要求「後天返先天」，不是返到嬰兒時期沒有辨別能力、沒有抵抗能力的天然、無邪的階段，而是練

就泰山崩於前，猛虎撲於後，處之泰然的先天狀態。因為任何事物發展都是波浪式前進，螺旋式上升的，不可能返回到原來的位置，後天的大智大勇，無我無他都是靠後天的知識和實踐鍛鍊形成的。

太極拳是一個波浪式前進、螺旋式上升的圓運動。我們在這兒說了半天了，我們所在的位置看似沒有什麼變化，其實已經發生了很大變化。地球一直在不停運轉，坐地日行八萬里。細胞生了多少，死了多少，人在老化，知識在增多，都在變化。變就是法，變中有不變，這是規律。地球和太陽一直在不停地公轉和自轉，多少億萬年一直在轉，晝夜更替、四季循環，時代變遷、生老病死等都是在變。可是一年和一年、一季和一季、一天和一天都不一樣。但又萬變不離其宗，都是有規律的。關鍵是在研究了規律之後，還要研究變化，這是主要的。

大學畢業之後，不能與時俱進，只是死摳書本知識絕對不行，成不了才。能因勢利導、與時俱進，去研究發展開明的東西才有前途。

南吳北王

記者：吳式太極拳有南派和北派之分，這兩者有什麼大的區別嗎？

張全亮：1928年，上海請吳鑒泉先生去教拳，他去之後成立了鑒泉太極拳社，教的都是國民黨高級官員，都是大人物。王茂齋是大師兄，他留在北京創建了北平太廟太極拳研究會，跟他在這兒練拳的什麼層次的人都有，平民

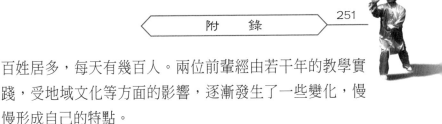

百姓居多，每天有幾百人。兩位前輩經由若干年的教學實踐，受地域文化等方面的影響，逐漸發生了一些變化，慢慢形成自己的特點。

記者：主要是動作上有一些變化嗎？

張全亮：不完全是動作上的變化，還有內意、氣勢、理念等方面的區別。所有的變化都和地域文化的影響有關。比如北派受皇家文化的影響，端莊、厚重、氣派、大方；南派則受江浙文化的影響，清秀、優美、靈活、巧妙。當然也還有自身文化修養、性格特點、遺傳基因等方面的影響。內外因素綜合融化，雖師承同門，但必然各有特點。任何事物的發展都是這樣的規律。

練法上有變化，技擊、推手上也自然會有所不同，比如經常跟一些年齡大的人或女性或小孩或體弱者推，和經常跟一些五大三粗、年輕力壯和經常摔跤、打擂的人推，出來的東西肯定不一樣，從而形成了理念、勁別和招法、特點上的區別。「南吳北王」的形成我認為不外乎這些原因。

南派有的老師不同意「南吳北王」的說法。在麗江參加國際太極拳交流的時候，大會要求我代表北派，講吳式太極拳（北派）改革開放三十年的發展變化，我的論文下了很大功夫，寫了一個多月，寫完之後又給好多老先生審閱，經過反覆修改，沒費事就入圍了。組委會認為這篇文章寫得很好。但南派代表馬海龍先生卻提出了異議，認為吳家拳就是吳家拳，沒有什麼南派北派之分，這是分裂、倒退。

於是我就帶著一個師弟去拜訪他。我自報家門，說是王培生老師的弟子，論輩分他是我師叔。我說明來意，說想聽聽他對我論文的意見。他還是說分派不好，是一種倒退分裂。我說，師叔，我是小輩，恕我直言。咱們是楊氏拳的後學，全佑先生從楊露禪那先學大架，後來又拜楊班侯學習小架，他經過多年的刻苦磨煉之後，吸收了大小架的精華，形成了中架式太極拳，您說這是前進還是倒退了呢？

1902年全佑先生逝世之後，王茂齋先生和吳鑒泉先生等幾個人又經過十幾年的苦練精研，切磋提煉，並吸收了其他太極拳優秀流派的長處，去掉了原來拳式中的縱跳、發力、發聲、低襠下式等練法，改為單腿負重，緊湊舒伸，輕靜柔化、圓活靈巧，點打拿發摔卸融為一體，含而不露的新型拳式，成為後來人們公認的吳式太極拳，為吳式太極拳定了型，完全跟全佑先生練的不一樣了，跟楊露禪練的就更不一樣了。

這是事實，那這是倒退嗎？這是在前進發展啊！後來吳鑒泉先生到江南，王茂齋留在了北方，他們倆經過多年的教拳實踐，再加上地域文化的影響，形成了各具風格的南北兩派，這是發展呢還是倒退？更不能說是分裂吧！

聽了我一番話，老先生不言語了。我說您不能那麼說，那是咱們自己褒貶自己，咱這是大發展。最後老先生說那「我的意見供你參考吧」。

後來跟北京市吳式太極拳研究會會長關振軍去上海拜訪他，當著好幾位前輩的面，他還是說那些話，我又把我

的觀點重複一遍，大家紛紛說張老師說得對，「南吳北王」是進步，是發展。

中國傳統武術的靈魂

記者：我在廣場、公園裏看到的太極拳，有點類似於太極操。能防身嗎？您的弟子練哪種太極拳的多呢？

張全亮：也有不少喜歡推手、散打的。我們在教學過程當中也是以套路為主。因為中老年人大部分是以健身為主。太極拳是武術，其作用主要是防身，現在是以健身為主了。

記者：您練的太極拳、八卦掌，都屬於內家拳。它的技擊效果和外家拳有什麼不同嗎？

張全亮：我在1974年以前，主要是練外家拳，查拳、滑拳、通背拳、八極拳、劈掛拳都練過。1974年以後我才開始練內家拳。內家和外家的區別一個是內家主柔，強調以柔克剛；外家拳主剛，強調以剛制柔。太極拳是專心致柔，柔中寓剛。據說，太極拳原來創造的時候就是對付少林拳的，你剛我就柔，以柔克剛。就好比舌頭和牙，牙永遠熬不過舌頭，牙都掉了，舌頭還挺好。

太極拳是以老子的水哲學為指導，水能隨方就方，隨圓就圓，無孔不入，世界上至柔莫過於水，至剛亦莫過於水。內外兩家特點不同，但沒有好壞之分。是一個陰陽的變化過程，好比人在午夜出生，慢慢旭日東升，越來越強，這段時間必須練剛，你不讓他跑也不行，這麼點小孩正在長身體，長智慧，你讓他慢慢練幾乎不可能，必須要

充實他。到十一點多，接近十二點了，這時候身體最強盛，官職做得最大，生意最好，如果還是一味練剛，你等於往火葬場推他呢，需要慢慢緩下來，研究點理論，練點柔的東西。

　　我由研究發現，內家拳以內氣為主，外形從之；外家拳以外形為主，內氣從之。都是一樣，兩者離了哪個都不行。我感覺總的來看，還是偏柔一點好，柔中寓剛。如果一個人老是剛，對自己不好，對別人也不好，說話老是那麼衝，老噎人，婉轉一點不行嗎？把道理講清了不好嗎？就好像天和地，這兩者是一陰一陽，相互照應。

　　記者：傳統武術分這多門派和種類，有沒有一個核心的靈魂。

　　張全亮：從理論上來說，都是以易理為拳理，哲理性拳術，都能體現中國文化的特色，和諧、謙恭禮讓、不爭名奪利等。練法上都是偏重於整體運動，不是局部運動。內外、上下、形神都要一致，中國傳統武術還有一大特點。就是練武和育人相結合，一般的運動只是鍛鍊肢體，傳統武術會告訴你練武幹什麼？保衛自己，保衛人民，保衛國家，弘揚正能量，這是中國傳統武術和現代競技武術不一樣的地方。

影響中國傳統武術的「三笊籬」

　　記者：吳式太極拳有紙質的東西傳下來嗎？

　　張全亮：過去的不多，新中國成立以後出版的不少。王老有一些著作，我也有一些著作、文章，網上很多。過

去老人們著作少，楊禹廷師爺《太極拳動作解說》大部分都是說某一個動作怎麼練，裏邊的東西一般不公開說的。武術界有「法不傳六耳」之說，意思是，老師給你說東西，不能讓另一個人聽見，這是那個時代普遍的想法，因為教會徒弟怕餓死師父，都有這個顧慮。

　　現在咱們講弘揚，我這有點東西趕緊得跟你說，好傳承下去，再不說就完了。人去武亡。

　　很多拳種國家和地方政府都不太重視，只是靠民間的力量在弘揚。吳式太極拳發源在北京，可是在40年前，北京大興已很少看到吳式太極拳的足跡。我經由四十多年的奮鬥、傳習、研究、發展，現在在大興已經有成千上萬的人在練習。我在大興區老幹部大學太極拳社教吳式太極拳13年，後來交給學生負責，到現在已有15年了。分初級班、中級班、高級班三個班。大興區的退休幹部、退休職工很多人都參加過我的培訓班。下面的輔導站也是如此。魏善莊原來一個練太極拳的都沒有，後來我從老幹部大學調了十多個學員去教了好幾個月，現在已有七八百人會練吳式太極拳。到現在大興地區練習吳式太極拳的人已近萬人，近十多年我在全國已先後建立了6個分會，40多個輔導站，堅持學練吳式太極拳的人已近10萬人。

　　大家不圖名不圖利，就是想把老前輩的東西傳承下去。傳承、保護、弘揚祖國的非物質文化遺產對國家來說是貢獻，對自己、對家庭也都有益，因為健康快樂比什麼都重要。我們沒向國家要過錢，而且都是往裏搭錢，有什麼活動，家人和弟子湊錢幹。我粗略的統計了一下，近十

多年來我和我的子女、弟子、朋友在吳式太極拳等傳統武術的傳承、開展各種交流活動、培訓活動、到全國各地及國外參加比賽、出版書刊光碟、先後申報市級和國家級非物質文化遺產等有關方面的開支已超過100萬元。很多民間老拳師都這樣，完全是一種奉獻。這幫人如果沒有了，傳統武術也就沒有了。

我先後在深圳衛視做《中國功夫之星》全球電視大賽任專家評委一年；在中央電視台5頻道《武林大會》傳統武術擂台賽先後任專家評委、總裁判長和WMA中國武術職業聯賽任總教練副總裁判長共四年半的時間；還在廣東衛視《武行天下》任專家評委協助組織過中國民間傳統拳跟泰拳打。我2001年退休以後有好幾個單位請我去做這做那，我都謝絕了，我全身心地都投入到了我所傳承喜愛的吳式太極拳、梁式八卦掌的弘揚、發展這一神聖事業上了。

有一次在煙台開記者招待會，主辦方給我一個題目，讓我講一下中國傳統武術現在的形勢。我說，中國傳統武術就好比一鍋肥肉，肉也肥湯也肥，現在主要有三個笊籬在撈：第一是官方的專業人員撈，撈出去編成各種表演套路、競賽套路，向大中小學、社會團體普及推廣，既有名又有利。第二是外國人撈，撈出去之後編成這個道那個道，編成規則，向全世界推廣並使之進入奧運會、亞運會。第三是藝術家撈，撈一笊籬出來編成武俠小說、武打電影，滿天飛，會點穴。外國人崇拜中國功夫，大部分是看了中國的武打電影、武俠小說的原因。

中國傳統武術就好比是一個美女，披著神秘的面紗，非常漂亮，可到人老珠黃了，死了，誰也沒見過她的真容。因為傳統武術沒有像現代武術那樣，有官方的強大的支持力度，沒有像現代競技武術那樣，有那麼優厚的物質待遇保障的展示平台。只是靠師父帶徒弟，利用早晚的業餘時間義務傳授，實戰訓練缺乏物質保障。

中國傳統武術這鍋肥肉慢慢地肉也沒了，湯也乾了。最後在歷史上只能寫下一筆，說中國某朝代有一個叫「傳統武術」的東西。但是她長什麼樣呢？你可以去想像判斷，可能就是社會上那種音樂一響，一遍一遍練的東西吧？可能是跆拳道、柔道吧？可能是螢幕上的那些神功絕技吧⋯⋯

競技武術與傳統武術的區別與發展

記者：您覺得現在的競技武術是不是中國傳統武術？

張全亮：競技武術是官方大力支持，現代人創編的，以追求外形美觀、動作難度高，表演和擂台得分高的，以決勝負為主要目的，靠它奪金牌，壯國威的現代武術體系；傳統武術是武林先輩在老祖宗們長期的求生存，謀發展的與自然災害鬥，與野獸鬥，與強敵鬥的過程中不斷地總結、提煉的，用生命和鮮血得來的。中國傳統武術是以決生死為主要目的的，每個動作都有極強的技擊含義。

國家每年要花好多個億買國外競技項目，中央電視台沒有一項是中國傳統武術的欄目，錢都讓外國人掙去了。後來有關領導和武術專家們反覆研究，最後決定推出《武

林大會》這樣一個欄目。可是中國武術這麼多門派，怎麼個打法呢？最後確定了「弘揚傳統武術，傳承功夫精髓」的主題，採取先組織各流派單拳種比賽，透過海選、封閉培訓、打擂，以及專家「說武論技」等形式。把中國傳統武術的各門各派一個個推上國家最高的新聞媒體的平台。這樣培養幾年之後，再打破限制，進行不同拳種之間的比賽。原來是錄播，後來到WMA中國武術職業聯賽時，以現場直播的形式做實驗，也比較成功。

《武林大會》前前後後的一些活動我都參與了。一開始很不錯，收視率超過美國NBA好幾倍，回響很好。堅持了4年多的時間，但最後因種種原因違背了初衷，沒能堅持下去。

競技武術發展得比傳統武術強得多，主要是有經濟支持。

太極拳的社會作用與健身作用

記者：現在社會太浮躁了。

張全亮：太浮躁了，武術管理部門對武術界的正能量應該鼓勵、表揚、支持，消極的方面應該批評抑制，可沒人管這個事。

現在國家對傳統武術比較重視了，從事非遺保護，實行太極拳「六講」，發展情況在逐步好轉，但一下子扭轉過來也是不容易的。

記者：現在環境跟以前不一樣了，以前練武的人可能什麼都不幹，就專注地練武，每天要練幾個小時。

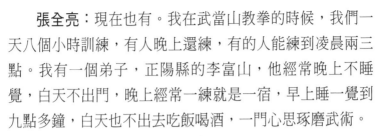

張全亮：現在也有。我在武當山教拳的時候，我們一天八個小時訓練，有人晚上還練，有的人能練到凌晨兩三點。我有一個弟子，正陽縣的李富山，他經常晚上不睡覺，白天不出門，晚上經常一練就是一宿，早上睡一覺到九點多鐘，白天也不出去吃飯喝酒，一門心思琢磨武術。

記者：還是有真心愛這個東西的。

張全亮：中醫藥界有一句話叫「識者遍地珠寶，不識者遍地野草」。武術也是一樣，你認識它就是國寶，不認識就無所謂了，不就是瞎比畫麼，還不如去跑步，去跳舞呢。中國傳統武術好比是捧著金飯碗討飯。

我們可以翻翻歷史，從孫中山開始一直到現在的國家領導人，都對太極拳或有過批示、指示或是具體行動。像李克強總理將印度的瑜伽與中國太極拳嫁接，就是一種具體行動。最珍貴的是周總理 1959 年會見日本松村謙三時說：「太極拳是中國的一種優秀傳統文化，內容十分豐富，充滿哲理，與中國傳統醫學有著血緣關係。學練太極拳是一項很好的健身運動，可以強身健體，可以防身自衛，也可以陶冶情操，是一種美的享受，還可以給人們生活帶來無限情趣和幸福，可以延年益壽。」周總理對太極拳的性質和作用，做了準確、科學、全面的定位。鄧小平題詞：太極拳好。他為什麼不說這個運動好，那個運動好，偏說太極拳好呢？

現在全國上下太極拳熱，從中央到地方，從老到少都在練太極拳，企業家也是如此，李連杰和馬雲都投資太極拳。

現在，社會上很多人很浮躁和很多人的身體處於亞健

康狀態。沒有任何一種文化和與這種文化統一的運動形式能改變這種社會現象，只有太極拳和太極文化能勝任這項任務。

據說國外孔子學院花了好多錢傳播中國傳統文化，結果發現外國人學「之乎者也」很困難，熱情不高，收效不大。太極拳卻是一個很好的切入點，人們可以由太極拳了解中國傳統文化。

記者：肢體語言更容易被接受和選擇。

張全亮：世界太極拳網和三亞南山舉行的首屆世界太極文化節這個活動搞得非常好，幾十個國家10000多人參加，據說主辦方今後還要把這個活動推廣到國外。實踐證明，太極拳、太極文化既能給人類健康還能促進世界和平，使人類安居樂業。凡是練太極拳的人，包括外國人在內，練著練著暴性就沒了，殺氣就沒了，就團結和諧了。

記者：這跟它背後的哲學思想是有關係的。

張全亮：對。這太寶貴了。

受益者的回聲

昔日病秧子今日來說拳

上海　黃企華

　　我習練太極拳，始於20世紀80年代初，至今已有三十多年了。

　　三十多年前，我是一個名副其實的病秧子。1982年，我因患腦部腫瘤，手術後休了一年的長假。在此期間，我接觸了太極拳——但只是偶爾到公園去跟著別人比畫比畫而已。沒有老師指導，什麼也不懂。

　　1996年，我有幸參加了上海市拳操隊（後改為現在的上海市老體協），開始在老師的指導下習練太極拳，並從2006年開始，在社區教授太極拳。遺憾的是，這些年我基本沒有接觸過傳統太極拳，只打陳、楊、吳的競賽套路，對傳統太極拳總是感到很神秘。

　　2015年，我有幸成了著名武術家、吳式太極拳名家張全亮老師的入室弟子。在師父的悉心傳授下，我學習了吳式太極拳基本八法、吳式太極拳傳統套路37式和師父改編的傳統吳式太極拳10式。

　　透過學習，師父關於太極拳的「按竅運身」的道理已深入我心，那些原來認為很神秘的「命門」「環跳」「湧

泉」「夾脊」「肩井」「勞宮」等人體穴位，我也已耳熟能詳。如今，在我的教學中，諸如「掤勁命門找環跳」之類的口訣，我是張口就來。

這裏，我還要特別地說說師父改編的吳式簡化太極拳10式。這套拳，短而精練，既保留了傳統吳式太極拳的精華，又體現了套路的完整性，非常適合於初學者。有了這套拳，不僅我教得輕鬆，學員們學起來也非常愉快。每天，我帶領我的學員一遍一遍地打吳式10式太極拳，慢慢地體會吳式太極拳的川軌步、斜中正、單腿負重等技巧；慢慢體會吳式太極拳的以心行意、以意導氣、按竅運身、意到氣到、氣到勁到等竅妙。現在，大家都已喜歡上了吳式太極拳的傳統套路。

記得師父在上課時曾給我們說過，當前亟待我們去做的是傳統太極拳的傳承工作。如今，張全亮老師已70多歲高齡，但仍經常奔走各地進行教學和研討活動。

我的學員中有不少人與我初學太極拳時一樣，是因為身體不好才來學拳的。我就以身說拳，以自己的經歷來鼓勵大家——原來，我是個連說話都沒力氣的病秧子，由於堅持習練太極拳，現在，我能邊給學員講解動作要求邊進行肢體示範，一連三四個小時都不覺得累。

現在有了吳式10式太極拳，更有利於推廣傳承吳式傳統太極拳。我要牢記師父教誨，為學習和傳承傳統吳式太極拳盡自己的綿薄之力。

吳式太極拳給了我新生命

哈爾濱　郭連才

　　我是一個人民交通警察職員，因身體原因提前退休了。以前，每年春秋兩季我都要住進醫院，疾病的折磨使我整天昏昏沉沉。2016年7月，我又住進了醫院，高血壓、糖尿病指標值居高不下……這時我有緣結識了著名武術家、吳式太極拳名家張全亮先生的入門弟子王照有老師，他向我介紹了吳式太極拳的健身作用，使我看到了希望，並開始向他學習吳式傳統太極拳。

　　老師言傳身教，我用心體悟、反覆練習，慢慢學會了吳式傳統太極拳37式和10式。我一邊練拳，一邊配合練習站樁和靜功內養。3個月後，我的身體有了明顯好轉，頭不昏沉了，走路感覺輕快穩當了，身上感到有勁兒了。這堅定了我進一步練好太極拳的信心。

　　遵照王照有老師的教誨，我每天早晨都要練兩個小時的吳式太極拳，午後在家站樁，晚上打坐意守聽音。剛開始站樁時，我連幾分鐘都堅持不了，現在一次能站40分鐘了。經過8個月的練習，我深深喜歡上了吳式太極拳。它不僅僅是一套拳法，還包含了易理、中醫、經絡學、心理學和陰陽學說。只有潛心修煉、細心琢磨方能領會到真正的內涵，從而達到治病強身的效果。

　　我是一個飽受疾病折磨，而充分體會到吳式太極拳健身效果的受益者。我的血壓、血糖都穩定了，胰島素不打

了，降壓藥也不吃了，20多年的高血壓、糖尿病神奇般地好了。如今我簡直是枯木逢春、神清氣爽，可以說是吳式太極拳給了我新的生命。

今後，我不僅自己要學好、練好吳式太極拳，而且要盡我的力量去傳播它，讓更多的人受益。

十式太極　簡而不簡

北京　張秋分

張全亮老師創編的傳統吳式簡化太極拳10式，雖是為初學者設計的，但我作為一名有了一些基礎的學員，學練之後，仍有很多感悟，覺得這套拳同樣適合於老學員。

第一，傳統吳式簡化太極拳10式，解決了很多人因為沒有時間而無法學拳的難題。學會傳統吳式簡化太極拳10式只需三、四天時間；按規範要求練一趟傳統吳式簡化10式太極拳只需兩、三分鐘的時間，這就給既沒有時間又沒有太極拳基礎的人打開了方便之門。

第二，傳統吳式簡化太極拳10式，表面看似簡單易學，但麻雀雖小，五臟俱全，每一個招式都有豐富的內涵。其動作規範、身心感覺、健身作用、技擊意義等都要我們認真地去學習、去體會。學會、學好這10式，就能基本掌握吳式太極拳的運動規律，進入吳式太極拳之門。

第三，我常常快走半小時不出汗，但按規範要求打兩遍吳式太極拳10式，就能微微出汗，而且渾身很舒服。這說明吳式太極拳10式動作少，但活動量卻不小，是內外如

一的整體運動，是神、意起主導作用的高級運動。

張全亮老師印象

深圳　施海方

2016年12月中旬，我參加了張全亮老師在珠海的「王培生傳六十四散手」培訓班，學習了老師親自傳授的吳式太極拳八法，深感獲益良多。

在參加這個培訓班之前，我練了近10年的傳統楊式太極拳和武當八卦掌，接觸的國內外的太極名師不在少數，但張全亮老師卻是給我留下深刻念想的一位。

上課的時候，張老師一遍又一遍地給我們做示範，糾正我們的動作和神態，常常因上課時間長，來不及喝上一口水。有幾天我用手機一遍又一遍地錄下了老師示範的影片，晚上回到宿舍一看嚇了一跳——老師當天親自示範同一個套路的次數竟然達到了13遍之多，且每一個動作都一絲不苟！要知道，張老師那時已經75歲了！

茶餘飯後，面對大家提出的問題，張師有問必答，且耐心細緻，絲毫沒有「武術大師」的架子。

回深圳之後，我常常在想，這或者就是一種「太極精神」，一種出於對國粹武術的熱愛而綻放出的循循善誘、誨人不倦的精神！記得當時在課上，張老師曾提到虛實和內外三合的問題，並讓我作答。我說，左腳與右手合、右腳與左手合。張全亮老師隨即點醒我們說：「沒錯，這就是拳論講的『左重則左虛，右重則右杳』。實腿同側的手

是虛手，虛手即是陽手，是主宰手，主動、主變，要虛靈；虛腿同側的手是實手，是從屬的手，隨虛手的動而動，兩者要緊密配合，形成一體，不能主動。這就是陰陽，就是對立統一！」這句話就像陽光透進暗室，剎那間讓人豁然開朗。得招式易，得心法難。明白了心法才能默識揣摩，觸類旁通。

無疑，張全亮老師的講課是他練拳、教拳數十年千錘百煉的經驗體悟，這才做到了大道至簡，直指人心！至簡，是因為抓住了最本質的東西，所謂得一而萬法畢。

2017年元旦後，吳式太極拳名家高壯飛老師夫婦在我家小住半月。那時，每晚我都會向高師請教拳理。一老一小，秉燭夜談，總是有說不完的話。有一次我向高壯飛老師問遍了京城吳式太極拳名家，高老說：「全亮功夫很不錯，我們往來也多。」惺惺之情，溢於言表。

今得知張全亮老師的大作即將出版，而其刪繁就簡創編的「吳式太極拳10式」就收錄在這本書裏，甚是高興。這是我們太極門人之幸事！「少則得，多則惑」，十式通則百式通，初學者可由此而入太極拳之門也。

從入門到進階，看這本書就夠了

五邑大學　李日星

吳式太極拳以嚴密緊湊、沉靜柔和、精巧細膩、輕靈圓活為特徵。傳統吳式太極拳108式、83式、37式這些套路的演練所用時間長，且入門難度大。

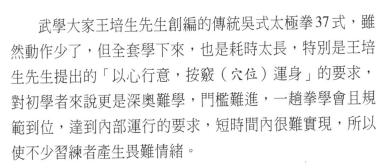

　　武學大家王培生先生創編的傳統吳式太極拳37式，雖然動作少了，但全套學下來，也是耗時太長，特別是王培生先生提出的「以心行意，按竅（穴位）運身」的要求，對初學者來說更是深奧難學，門檻難進，一趟拳學會且規範到位，達到內部運行的要求，短時間內很難實現，所以使不少習練者產生畏難情緒。

　　為了解決吳式太極拳傳統套路初學者入門難、耗時長的難題，張全亮老師以豐富的教學經驗，精心創編，圖文並茂地演繹了吳式太極拳10式、18式和28式三種學習和演練套路，為廣大吳式太極拳愛好者提供了一條由易到難，層層進階，循序漸進，輕輕鬆鬆進入吳式太極拳殿堂的有效捷徑。這既是張全亮老師研究、推廣吳式太極拳的重要成果，也是他不遺餘力守護國粹，為了更廣泛地傳播吳式太極拳而做的固本強基、補遺填缺的基礎工程，其價值不可限量。

　　第一，立足入門，循序漸進，邁向吳式太極拳殿堂的法門。吳式太極拳10式、18式和28式三種套路，是學習吳式太極拳先易後難、由簡到繁的遞進式套路。

　　吳式太極拳10式是吳式太極拳套路的基礎性動作，涵蓋了吳式太極拳單腿負重，川軌步型；輕靈柔化，氣度開闊；立圓旋轉，按竅運身的步法、身法和手法的基本訓練內容。為當代特殊群體設定特殊的吳式太極拳入門套路，漸次引入佳境。

　　這是張全亮老師創編吳式太極拳10式的良苦用心。它將成為吳式太極拳習練者邁向太極殿堂的最佳捷徑和第一

法門。毫無疑義，吳式太極拳10式的推廣，必然會產生「短平快」的奇特效應。

大凡學習技藝都是開頭難，一旦開好局，激發起興趣，就會一發不可止地向縱深展開，學習吳式太極拳也是如此。在學完吳式太極拳10式，並對吳式太極拳的步法、身法和手法具備了一定的操作能力之後，就會產生延伸學習的渴望。

18式和28式就是張全亮老師為吳式太極拳愛好者創編設定的進階內容。18式在10式基礎上增加了攬雀尾、單鞭、下勢、上步七星、如封似閉、抱虎歸山等動作，引導習練者領略體悟吳式太極拳「掤、捋、擠、按、採、挒、肘、靠」八法的妙趣和「進、退、顧、盼、定」步法的靈動。18式是習練吳式太極拳由10式向28式或37式進一步延伸與進階，逐步邁向吳式太極拳殿堂的重要環節。

第二，立足競賽演練，精研細磨，展示吳式太極拳風貌。吳式太極拳28式是張全亮老師為民間吳式太極拳愛好者，精心打磨創編的經典競賽和表演套路，提供了一種既可以反覆精練，又適宜競賽場上表演的實用性套路。這個套路具有鮮明的編排特徵和組合創意。

其一、完整性。吳式太極拳28式在18式的基礎上，增加了相對平衡難度較高、運動量較大的動作，如分腳、蹬腿、貫耳、擺蓮等動作，較為完整地擷取了吳式太極拳的經典動作。整個套路根據平衡難度的高低和運動量的大小排列順序，形成了由易到難，再由難到易的曲線運行節律，體現了難易相從、徐疾有致、高潮跌宕的完整性和整

體美。

　　其二、對稱性。吳式太極拳28式的顯著特點是同一動作左右、正反互練，如左右摟膝拗步、左右手揮琵琶、左右野馬分鬃、左右金雞獨立、左右倒攆猴、左右斜飛式、裏外雲手等。這種一正一反、一左一右、相互交替的演練方式，不僅能較好地鍛鍊身體的協調能力，提高身體的靈敏度和柔韌性，而且使整個套路因均衡對稱而具有流暢的對稱美。

　　其三、實用性。吳式太極拳28式具有廣泛的適用群體。在當代，人們的工作節奏快、生活壓力大、交往應酬多，運動休閑的時間不足，難以有足夠的時間悠閑地學習傳統吳式太極拳83式，從容地學習37式也屬不易。

　　吳式太極拳28式的動作經典而簡練，全套打下來大致需要5到6分鐘，既有輕鬆調節心身的愉悅，又會有咀嚼英華、品味拳理的成就感。當然，對於吳式太極拳有較高造詣的拳友來說，28式同樣適用於他們精益求精，打磨演練。倘能按照套路經典動作左右習練，裏外轉換，嫻熟用意，悟透拳理，則能「頭頂太極，胸懷八卦，腳踩五行」，即興取捨，遊刃有餘，進入吳式太極拳輕靈柔化、按竅運身的奇妙意境。以此行拳走架，把玩技藝，品嘗國術，頤養性情，豈不快哉！

　　第三，立足精練，以少勝多，以解剖麻雀的方式，詮釋吳式太極拳10式精微的拳理拳法。張全亮老師用極為詳盡通俗的筆調，對每一個式子按「命名釋義」「動作分解」「身心感覺」「健身功效」和「技擊意義」的順序進

行分析講解，賦予本書拳理與醫理、操作性與學術性相融合的豐厚文化內涵。

　　張全亮老師的《傳統吳式太極拳入門訣要》一書，凝聚了他長期以來對吳式太極拳教學的心血，提煉了他研究成果的精華。這本書不僅是張老師奉獻給初學者開啟吳式太極拳神秘殿堂的鑰匙，也是吳式太極拳在與時俱進的推廣、普及過程中誕生的寶典。

　　毋庸置疑，此書的出版發行，將進一步推動非物質文化遺產吳式太極拳的推廣普及與研究創新。在復興傳統，回歸武林，弘揚國粹，促進文化產業發展的當代潮流中，必將產生不可估量的現實意義和社會價值。

歡迎至本公司購買書籍

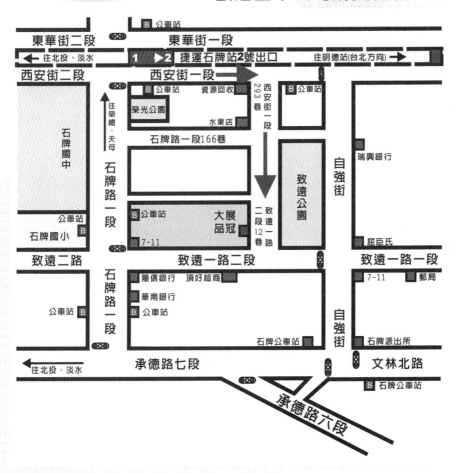

建議路線
 1.搭乘捷運‧公車
　　淡水線石牌站下車，由石牌捷運站２號出口出站(出站後靠右邊)，沿著捷運高架往台北方向走(往明德站方向)，其街名為西安街，約走100公尺(勿超過紅綠燈)，由西安街一段293巷進來(巷口有一公車站牌，站名為自強街口)，本公司位於致遠公園對面。搭公車者請於石牌站(石牌派出所)下車，走進自強街，遇致遠路口左轉，右手邊第一條巷子即為本社位置。

 2.自行開車或騎車
　　由承德路接石牌路，看到陽信銀行右轉，此條即為致遠一路二段，在遇到自強街(紅綠燈)前的巷子(致遠公園)左轉，即可看到本公司招牌。

國家圖書館出版品預行編目資料

傳統吳式太極拳入門訣要／張全亮　著
　　──初版，──臺北市，大展，2021〔民110.02〕
　　面；21公分 ──（吳式太極拳；5）
　　ISBN 978－986－346－322－1（平裝附影音光碟片）
1. 太極拳
528.972　　　　　　　　　　　　　　　109019959

【版權所有・翻印必究】

傳統吳式太極拳入門訣要

著　　　者／張全亮
責任編輯／苑博洋
發 行 人／蔡森明
出 版 者／大展出版社有限公司
社　　　址／台北市北投區（石牌）致遠一路2段12巷1號
電　　　話／（02）28236031・28236033・28233123
傳　　　眞／（02）28272069
郵政劃撥／01669551
網　　　址／www.dah-jaan.com.tw
E - mail ／service@dah-jaan.com.tw
登 記 證／局版臺業字第2171號
承 印 者／傳興印刷有限公司
裝　　　訂／佳昇興業有限公司
排 版 者／弘益電腦排版有限公司
授 權 者／北京科學技術出版社
初版1刷／2021年（民110）2月

定　價／380元

●本書若有破損、缺頁請寄回本社更換●

大展好書　好書大展
品嘗好書　冠群可期